LAS PROFECÍAS DE SANCTUS GERMANUS VOLUMEN 1

LOS EVENTOS ENCAMINADOS HACIA EL AÑO 2012

Por

Michael P. Mau PhD
El Amanuense

La Fundación Sanctus Germanus
www.sanctusgermanus.net

©Copyright Mundial 2003 La Fundación Sanctus Germanus. Todos los derechos reservados

Publicado por primera vez en el 2003 por Arberton International Ltd. bajo el título de *Beyond Armageddon*.

La Fundación Sanctus Germanus mantiene el derecho de ser identificada como la representante oficial del autor en acuerdo con el Copyright, Designios y Acto de Patentes de 1998. Ninguna parte de esta publicación puede ser reproducida, guardada o presentada en un medio de recuperación, o transmitida de cualquier forma o por cualquier medio (electrónico, mecánico, fotocopiado, grabado o cualquier otro) sin la previa autorización por escrito del editor. Cualquier persona que haga un acto no autorizado en relación con esta publicación será sujeto a proceso delictuoso y a demanda civil por daños y perjuicios.

Para adquirir más copias de esta obra, diríjanse a:
www.arberton.com o www.sanctusgermanusbooks.com

Catálogo de Librería y Archivos en Publicación

Mau, Michael P.
Las profecías de Sanctus Germanus: los eventos encaminados hacia el año 2012 / por Michael P. Mau. – 3ra. Ed.
1. Siglo veintiuno – Pronósticos. 2. Movimiento de la Nueva Era.
I. Fundación Sanctus Germanus. II. Título CB161.M37 2004
303.49'09'05 C2004-907016-9

ISBN 10 0978483553
ISBN 978-0-9784835-5-5

Sanctus Germanus significa Hermano Santo y es uno de los nombres del Maestro de la Flama Violeta en la Hermandad de la Luz.

La Fundación Sanctus Germanus
División de Publicaciones
Alberta, Canadá

Mensaje de La Hermandad de Luz

Benditos hijos de la tierra, traemos a su atención, a través de este libro, unos cuantos eventos cósmicos que pronto los acosarán. Nuestro deseo es que entiendan y reciban de corazón que esta información se les da por amor. No se pretende asustarlos, sino prepararlos para lo que inevitablemente ocurrirá en el plano terrestre. Aquellos que conozcan y asimilen esta información estarán preparados por anticipado, puesto que sus guías permanecerán listos para guiarlos fuera del peligro o adversidad. Aquellos que elijan ignorar la información necesitarán su compasión cuando se vean bajo la pesada nube del Armagedón.

Lo que para ustedes pueden parecer malas noticias pueden también considerarse buenas noticias cuando son vistas dentro del contexto más amplio de una limpieza cósmica del hogar. Para aquellos que entienden lo que está sucediendo, les pedimos que mantengan el curso a lo largo de estos eventos. Prosigan el pronunciado Camino de la montaña. Aclimátense a las adversidades con una visión clara de lo que está adelante. Y cuando alcancen la cumbre, oh, ¡qué gloria será cuando vislumbren lo que yace en el otro lado! Esto se los prometemos.

Nosotros, de la Hermandad de Luz, permanecemos listos para ayudar a todos y a cada uno de ustedes. Hágannos un llamado y encontraremos alguna forma de responderles profundamente en el interior de su alma. Indaguen profundamente en su interior, encuentren al abad dentro de ustedes y comuníquense con nosotros. Nos acercamos a ustedes desde el mundo interior. Y cuando comiencen a sentir nuestra presencia los llevaremos de la mano hacia el mundo exterior de la ilusión con una perspectiva completamente diferente. Esta es la alborada de la Era de Acuario; esta es la alborada en el interior del sol.

La Hermandad de la Luz

Índice de Materias

Mensaje de La Hermandad de Luz iii
Prefacio ix
CAPÍTULO 1 15
Reintegración de las Energías Femeninas 15
   Un Esquema de Nuestro Presente Ciclo Terrestre 16
   Orígenes Cósmicos de la Gran Hermandad de la Luz 19
   Orígenes Cósmicos de Las Fuerzas Oscuras 20
   El Proyecto del Maestro Sanctus Germanus 22
      El Divino Presente del "YO SOY" 23
   La Última Fase de este Ciclo 26
CAPÍTULO 2 27
La Gran Hermandad de la Luz 27
   Recientes Revelaciones de la Hermandad 27
      Retiro Táctico de la Hermandad 29
   La Jerarquía, Un Hecho, Una Realidad Cósmica 30
   La Estructura Interna Gubernamental del Mundo 32
   Gobierno por Plan Divino 36
   Exteriorización de la Jerarquía Espiritual 37
CAPÍTULO 3 41
Las Fuerzas Oscuras Hoy en Día 41
   ¿Por Qué los Hermanos Oscuros Encarnan en la Tierra? . 43
   Temas Atlantes de las Fuerzas Oscuras 45
   Olas de Encarnaciones del Plano Astral 48
      Influencia Telepática en la Tierra 50
   Los Agentes de las Fuerzas Oscuras del Plano Terrestre .. 53
   Creando Ovejas de entre la Humanidad 58

El Efecto de la Televisión 58
Las Fuerzas Oscuras Entre Nosotros 61

CAPÍTULO 4 69

Control de la Nación-Estado 69
El Atraco al Ingreso de Impuesto 72
Burocracia: Enfoque de los Impuestos 76
Burocratización del Mundo 79
    Malicia en Enormes Burocracias 82
    Prioridades Mal Dirigidas 85
Innovación Burocrática: Un Instrumento Oscuro 86
Venta de las Naciones: La Deuda Nacional 90

CAPÍTULO 5 97

Saqueo del Sector Privado 97
Tres Casos Impactantes del Petróleo Crudo 98
    Caso Impactante #1 98
    Caso Impactante #2 99
    Caso Impactante #3 100
El Saqueo de los Ahorros de su Vida de las Personas 101
    El Gran Esquema de Ponzi de 1990 102
    Bancos de Inversiones 102
    Agencias Corredoras de Bolsa 103
    Fondos de Inversión: Grupos No Regulados para Seducir al Renuente 103
El Mito de las Pérdidas de la Bolsa de Valores 109
    1. Ladrones Empresariales 109
    2. Deuda Corporativa 112
    3. Derivados: El Hoyo Negro 113
    4. Consorcios y Adquisiciones 116
    5. Los Fondos de Inversión: El Último Hoyo Negro 117
El Fin está Próximo 119
El Otro Mundo 120
La Muerte Lentamente Agonizante del Dragón 122

Índice de Materias

El Precio del Consentimiento 124
CAPÍTULO 6 127
Maestros de la Guerra 127
   Las Guerras – Eventos Planeados y Orquestados 129
   Guerra a Cualquier Costo 131
   El Triunfo Final de la Luz 136
   Una nota sobre la enfermedad y la peste 137
CAPÍTULO 7 139
El Armagedón: Un Proceso Cósmico de Filtrado 139
   El Proceso de Filtrado 140
   La Victoria en las Dimensiones Más Elevadas 141
   Aceleración de la Evolución de la Tierra 141
      Efectos Generales de la Aceleración 143
      Malignas Manifestaciones de Aceleración 145
   El Proceso de Despojo Macro Económico 146
   Las Burocracias Amenazadas Recurren a la Guerra 151
   Algunas Sugerencias Prácticas 154
      Encargarse de la Locura 154
      Problemas de Dinero 156
      Meditación 158
CAPÍTULO 8 159
El Año 2012 159
   Trabajadores de la Luz 161
   Podemos Apresurarnos pero No Podemos Evitar el Proceso 163
CAPÍTULO 9 165
Período de Reconstrucción 165
   Constitución Del Nuevo Mundo 167
   Construcción de una Nueva Unión Mundial 168
   El Deceso de la Nación-Estado 169

La Ley de la Jerarquía 170
Re-Educación de la Humanidad: El Maestro del Mundo
Aparece en el 2020..171
La Reconstrucción de la Sociedad Humana: El Regreso al
Seno de la Tierra 175
No Más Ciudades Autoritarias 176
Bases de la Estructura Grupal 178
La Restante Resistencia Humana 180
Cambios Transicionales 181
La Resolución del Hambre 182
   El Sistema Bancario 183
   La Trascendencia de las Artes 184
Cambios Geológicos 184
Nota Final 187

Prefacio

El 1ro de enero, 2001, las energías femeninas latentes en todo lo que existe comenzaron su acelerada reintegración con las dominantes energías masculinas de la humanidad. Este profundo evento durará varias décadas y ocasionará innumerables cambios en el plano terrestre, puesto que cuando sea que lo "nuevo" deba reemplazar lo "viejo" hay agitación y esto es a lo que estamos destinados a experimentar en los años venideros y más allá del Año 2012.

El año 2012 ya ha sido grabado en la conciencia masiva como el fin del actual ciclo de dos mil años, una era en la que las energías masculinas dominaron la vida en la tierra. Una transición cósmica de una era a otra siempre está acompañada por una conmoción física y mental, ya que el camino está limpio para que dominen las nuevas energías. Así, la turbulenta década precediendo al 2012 pondrá a prueba la decisión de la humanidad, puesto que las energías masculinas residentes en ciertas Fuerzas Oscuras escenifican su batalla final en un desesperado intento por aferrarse a su actual régimen monetario y de armamento. Esta batalla es conocida en términos bíblicos como el muy temido y aterrador Armagedón. No obstante, el 2012 no marca el fin del mundo como se ha predicho muchas veces, sino el nacimiento de una nueva Era Dorada, popularmente conocida en el plano terrestre como la Época de Acuario.

Nosotros basamos nuestra opinión en la sabiduría antigua de los Maestros de la Gran Hermandad de la Luz. Ellos nos han asegurado que el Armagedón ciertamente está sobre nosotros y que su función no es exterminar al mundo, sino más bien hacer salir a los malhechores y abrir el camino para la reintegración de las energías femeninas con las masculinas. Cuando termine esta limpieza, lo bueno y lo inocente permanecerá en la tierra al igual que la nueva Era Dorada de Acuario — una caracterizada por un perfecto balance entre las energías masculinas y femeninas.

Es así, a través de este libro que uno de la Gran Hermandad de la Luz, el Maestro Sanctus Germanus, el Jerarca de la Era de Acuario, nos ha dirigido para informarles de las señales y eventos encaminados hacia el año 2012 y más allá. Durante este tiempo muchos se preguntarán si todo el mundo se ha vuelto loco, dado que las energías femeninas se reintegran en cada nivel y sector de la sociedad y todo el mal conectado con las energías masculinas será expulsado de la tierra. La humanidad estará en balance de nuevo y entonces esperarán poder resumir su maravilloso viaje de evolución y ascenso a la iluminación.

Para ayudarnos a través de este período difícil, los Maestros de la Sabiduría de la Gran Hermandad de la Luz están siempre presentes en espíritu, fluyen dentro del alcance de la tierra pero en otra dimensión. A veces, se materializan físicamente para comunicarse con sus iniciados o discípulos o transmiten sus mensajes a través de médiums como lo han hecho a lo largo del tiempo. Muchos de los grandes trabajos espirituales del pasado y del presente han sido el resultado de la comunicación telepática y continúan hoy en día.

La Hermandad hoy en día influencia el pensamiento de escritores, músicos, científicos, filósofos, políticos, banqueros y a otros de todas las formas de vida, como lo ha hecho por milenios. Su misión a lo largo de las eras ha sido elevar y expandir el intelecto del hombre hasta donde nos encontramos actualmente. Muchas grandes personas célebres en la historia humana han elegido reencarnar hoy en día para ayudar a la humanidad en esta transición y la mayoría son capaces de comunicarse telepáticamente con los Maestros de la Hermandad. Es a través de este libro y de otros, que la Hermandad espera comunicar sus puntos de vista, hoy en día, a los abiertos de mente en la tierra.

Durante mi presente encarnación, recientemente supe acerca de la Gran Hermandad de la Luz, aunque en vidas pasadas fui parte de ella.

Mi tarea principal, hasta el momento en que me reuní a mis Hermanos, fue la de aprender tanto como fuera posible acerca de lo que hace que este mundo funcione. Recibí una educación normal en universidades americanas y europeas, aprendí lógica terrestre y métodos de investigación científicos. Más tarde apliqué este conocimiento en una carrera internacional en diplomacia, asistente en desarrollo y negocios, lo cual me permitió viajar extensamente a los lejanos rincones del mundo.

Cuando fui atraído hacia la asociación con la Hermandad, ciertos Maestros Ascendidos bajo la dirección del Maestro Sanctus Germanus, reavivaron mi habilidad para comunicarme telepáticamente con ellos. Es a través de este canal de comunicación que he escrito este libro.

La batalla final entre la luz y la oscuridad, el Armagedón, ahora está encima de nosotros. Durante el resto de esta década, las torres financieras que las Fuerzas Oscuras han tejido meticulosamente se colapsarán y traerán una profunda depresión económica sobre la humanidad, ya que al parecer las multitudes humanas reconocerán la Verdad solamente desde los fosos de la desesperación. Las fuerzas de la oscuridad tomarán su última posición y desplomarán al mundo hacia otra guerra mundial, a menos que el mundo recolecte los medios para detenerlas. Esta batalla final tocará cada nivel de la sociedad – desde las relaciones de familia hasta las alianzas internacionales – y todos nosotros experimentaremos esta locura de alguna manera u otra.

En este libro, esperamos poner la locura del Armagedón en la perspectiva adecuada y mostrarles cómo esta década de gran agitación llegará a su fin y que lo que yace después de la Victoria está a la mano. Tenemos confianza en que una vez que se den cuenta de cómo las Fuerzas Oscuras los han despojado de su riqueza y de sus derechos, estarán contentos de que el Armagedón esté encima de nosotros, debido a que todo puede ser mucho mejor de lo que es ahora.

Les presentamos nuestras ideas como alimento para el pensamiento. No buscamos discutir, convencer o mimarlos para que las acepten. Solamente deseamos plantear ciertas preguntas y presentárselas con una diferente, no obstante plausible, forma de ver los

Prefacio

eventos del mundo. Con frecuencia, nuestros puntos de vista están en directa contradicción con lo que comúnmente es presentado en los medios mundiales y pueden ser difíciles de comprender a fondo. Plantearemos ciertas preguntas concernientes al terrorismo, a la guerra, a la deuda nacional, a los impuestos, a la burocracia y a la bolsa de valores dentro del contexto de este período evolutivo de la tierra. Así, esperamos explicar la razón para el Armagedón y cómo llevará a una Era Dorada, del tipo que la tierra nunca ha visto. Así que esperen. Estamos adentro para un viaje agitado, pero la gloria y la luz al final del túnel hacen que todo valga la pena.

Michael P. Mau, PhD.
El Amanuense

CAPÍTULO 1

Reintegración de las Energías Femeninas

El 1ro de enero, 2001, como se planeó en el calendario cósmico para la tierra, la energía femenina comenzó su reingreso a través de cada alma de la humanidad en el plano terrestre. Las energías masculinas reaccionaron violentamente. El ataque terrorista en el World Trade Center en Nueva York, la Guerra en Afganistán y la Guerra en Irak brillaron, mientras que en el Congo, en el subcontinente de la India, en el Sureste de Asia, en el Medio Oriente y el Sur de América no se contuvieron las conflagraciones regionales. Hay más conflagración y agitación en espera mientras continúe esta reintegración.

¿Es la toma de una energía por otra? La respuesta enfáticamente es "No". La energía femenina busca restablecer un *balance* con lo masculino, lo cual es la única manera de que se logre "La paz en la tierra, la buena voluntad hacia los hombres". Esta energía no busca dominar, dado que cualquier desequilibrio, ya sea femenino o masculino, causaría que el mundo continuara su actual viaje díscolo.

La afirmación de la energía femenina requiere que todos y cada uno de los individuos, hombres y mujeres, equilibren las energías masculinas y femeninas en su interior. Nadie estará reservado, es por esto que las perturbaciones que experimentaremos durante estos años difíciles causarán que las familias, los matrimonios, las asociaciones, los negocios, los gobiernos y las naciones revaloren, cambien y absorban estas nuevas energías. Cuando los jerarcas distinguidos sean derrocados y las relaciones se rompan, reinarán la agitación y los constantes reajustes para cambiar. Pero lo que surgirá serán individuos más equilibrados listos para construir un mundo de paz y armonía.

En este libro explicaremos: 1) cómo las energías masculinas llegaron para dominar la tierra en la forma de Fuerzas Oscuras, 2) cómo estas dominantes energías masculinas pelearán desesperadamente hasta el final, causando caos y destrucción en la tierra durante la siguiente década, 3) cómo el resultado de esta batalla ya está pre-determinado, y 4) cómo cerraremos un círculo con el resurgimiento de una "nueva" Era de Acuario, cuando el balance haya sido logrado.

Sumado a esta reintegración estará el elemento del tiempo acelerado, el cual meneará la olla, por así decirlo, y causará que el cambio ocurra con una rapidez sin precedentes – lo cual puede enloquecer a algunos. Pero, ¿por qué no sacar del camino a este negocio completamente sucio tan rápido como sea posible?

Un Esquema de Nuestro Presente Ciclo Terrestre

Cuando Dios o el Creador exhala, chispas energía de

todos los niveles de poder se dispersan a lo largo de este rincón del espacio, algunas viajan millones de años para tomar sus posiciones en el espacio como sistemas solares con planetas, lunas y habitantes, de acuerdo al Plan Divino. La "exhalación" del Creador es, de esta forma, la gran creación en todas sus formas multidimensionales.

Cuando el Creador inhala, todas las chispas de energía son atraídas hacia su Creador. La atracción lleva millones de años y cada chispa debe procesar su regreso a su propia velocidad. De esta manera, tenemos un ciclo de "exhalación" e "inhalación" de Dios que le lleva millones y millones de años terrestres completarse.

La bola de fuego que es la Tierra alcanzó su destino en nuestro rincón particular de espacio hace varios cientos de millones de años. Después de que se tranquilizó, el Creador sembró las semillas de ADN de las formas de vida que se iban a desarrollar en seres más complejos. Cuando estas formas de vida evolucionaron hacia formas más avanzadas que podían hospedar espíritus de una vibración más elevada, el Gran Anciano de los Días, Sanat Kumara, llegó a la tierra con un séquito de espíritus avanzados. Ellos tomaron los cuerpos de formas de vida avanzadas y comenzaron a propagar una forma más refinada y evolucionada de la raza humana.

La gran civilización de Lemuria emanó de este esfuerzo. Helena Blavatsky, en su obra *La Doctrina Secreta*, aprendió sobre Lemuria en el *Libro de Dzyan*, el cual se lo habían enseñado los Maestros de la Sabiduría, así como también de documentos en Sánscrito, los cuales hacían referencia al antiguo continente. Estudiosos más esotéricos están de acuerdo en que Lemuria fue un continente gigantesco ubicado en el actual Océano Pacífico, y los restos son las Islas del Pacífico, incluyendo la cadena de Islas Hawaianas, las Islas de Pascua, Fiji y el subcontinente Australiano. Algunos especulan que se expandió por todo el camino hacia la India, conectando al subcontinente con Australia.

Blavatsky describe a los Lemurianos como la tercera raza raíz en habitar la tierra, cuya característica primordial al inicio fue su perfecto equilibrio entre las vibraciones masculinas y femeninas. Este balance justificó la carencia de conflicto y la existencia de amorosa paz.

Los Lemurianos eran seres andróginos, ovíparos con un tercer ojo que les daba poderes psíquicos naturales y la habilidad de comunicarse telepáticamente.

Durante la última parte de la civilización Lemuriana, cesó el delicado balance entre las vibraciones masculinas y femeninas y los Lemurianos evolucionaron hacia los dos sexos. El resultante descubrimiento de las relaciones sexuales pronto indujo al colapso de la civilización y fue completamente exterminada en una gran inundación que tuvo lugar hace aproximadamente 24,500 años.

Cuando decayó Lemuria, otra gran civilización, la Atlántida, surgió en un gran continente en donde la mayoría del Océano Atlántico existe hoy en día. Aunque los Atlantes también estuvieron divididos en sexos masculino y femenino, aún existía un balance entre estas dos energías que le permitieron a esta civilización florecer al inicio. Como veremos en capítulos posteriores, este balance fue comprometido en favor de las vibraciones masculinas que dominaron los logros tecnológicos de la civilización para oprimir a las personas con una cultura de dinero y guerra. Esto guió a la muerte final de la Atlántida cuando el continente se hundió en el mar.

A pesar de su fallecimiento, las almas que acarreaban las dominantes vibraciones masculinas de la Atlántida reencarnaron en las antiguas civilizaciones de Egipto, Grecia, India, Europa, África y China hasta nuestra civilización moderna. Es por esto que, hoy en día, nuestra civilización está marcada por el conflicto en cada nivel de existencia y por el dominio del dinero.

Orígenes Cósmicos de la Gran Hermandad de la Luz

La Gran Hermandad de la Luz, bajo la dirección del Logos Planetario, Sanat Kumara, fue creada para supervisar la evolución de la humanidad a lo largo de las eras.

A lo largo de la evolución de estas civilizaciones, entidades altamente evolucionadas de otros planetas fueron enviadas para ayudar a guiar a la tierra y a sus habitantes. Estas entidades avanzadas proporcionaron el ADN inicial al cual han evolucionado hoy en día las multitudes que comprenden la población humana. Ellas observaron la evolución de la humanidad y reclutaron discípulos de entre la población de la tierra, cuyas almas habían pasado por innumerables encarnaciones terrestres y los entrenaron para que se encargaran de su trabajo como guías cósmicos de la tierra.

Estos discípulos evolucionaron a un paso más rápido que el resto de la humanidad. Finalmente llegaron a cuerpos más efímeros cuando ascendieron hacia las dimensiones más elevadas de evolución y se convirtieron en Maestros. Algunos de estos Maestros han alcanzado tal alto grado de perfección que visitan otros planetas más avanzados, tales como el planeta hermano de la Tierra, Venus y más allá. Con el fin de poder ayudar más en la evolución de la humanidad, algunos de ellos eligieron permanecer dentro del plano terrestre en lugar de moverse hacia evoluciones más elevadas.

Por muchos milenios, estos seres altamente evolucionados formaron un núcleo conocido como la Gran Hermandad de la Luz, cuyo propósito era y es guiar a los habitantes de la tierra en su camino evolutivo de vuelta al Creador. Estos Maestros trabajan y coordinan sus actividades con aquellos grandes seres cósmicos solares que guían la evolución de la tierra misma. Habiendo evolucionado a un paso rápido, la Gran Hermandad de la Luz está, en un sentido, a la vanguardia de la raza humana – los modelos a seguir de cómo seremos dentro de un milenio.

Orígenes Cósmicos de Las Fuerzas Oscuras

Una de las características peculiares de la tierra es que yace en la zona del libre albedrío del universo, y como tal, puede atraer a entidades de otros planetas que han fallado o han elegido no evolucionar con sus propias poblaciones. En otras palabras, retrocesos o desertores de otras evoluciones planetarias pueden elegir vivir en la tierra para continuar desarrollando su salvación. Por la Ley Cósmica de Atracción, estos desertores de otras evoluciones tienden a poseer el mismo grado de evolución que tenemos en la tierra.

Muchos de estos desertores se remontan a los días de la Atlántida. Como nuestra actual civilización ha alcanzado la misma etapa de evolución que la Atlántida cuando fue destruida, estos desertores Atlantes han estado esperando en las alas del plano astral para volverse a unir a la tierra. Aquellos ignorantes, que en parte fueron responsables de la decadencia de la Atlántida, ahora han encontrado un hogar en nuestra actual civilización.

Algunos desertores se volvieron a unir a la tierra y redescubrieron el Camino de la Luz y de la rectitud. Sin embargo, muchos de ellos han estado aferrados a sus formas atlantes y ahora forman el núcleo de lo que llamamos las Fuerzas Oscuras sobre la tierra. Estos ignorantes atracaron su liderazgo espiritual altamente evolucionado sobre la Atlántida y se encargaron de la estructura del poder. Experimentaron con la fuerza guerrera y el dinero para traer bajo su subyugación a vastos segmentos de la población atlante. Al final, sus métodos causaron el colapso final de la Atlántida.

Hoy en día, encarnan tanto en hombre como en mujer y se mezclan con las almas buenas e inocentes de la tierra para crear una mezcla heterogénea de almas bastante diferente de cualquier otro planeta en este sistema solar. Su presencia sobre la tierra justifica todo el antagonismo y todo el conflicto que hemos estado experimentando por siglos, ya que frustran los intentos de la humanidad por mantenerse en el camino evolutivo Divino. A lo largo del turbulento Siglo

Veinte, fuimos testigos de los gustos de Adolfo Hitler, José Stalin y de los generales del Emperador Hirohito por matar multitudes de gente en su propuesta para subyugar a la población terrestre. Otros han llevado a cabo genocidio y limpiezas étnicas a una escala que aturde la mente buena de la persona.

Hoy, sus gustos existen en cantidades más grandes. Algunos se ocupan en actividades tan de sangre fría y cruel como en generaciones anteriores. Otros visten el disfraz de ovejas, mientras utilizan tácticas mucho más sutiles para atacar la debilidad de la humanidad y gradualmente esclavizarla.

El Proyecto del Maestro Sanctus Germanus

La Gran Hermandad de la Luz dirigirá la reintegración de las energías femeninas y, por medio de este mero evento, expulsaremos de la tierra a las Fuerzas Oscuras antes de que entre la "nueva" Era de Acuario. Pero las Fuerzas Oscuras no se irán sin pelear.

En las pasadas décadas, se han trazado las líneas de combate del conflicto final y las fuerzas de la Gran Hermandad de la Luz, bajo la guía y dirección del Maestro Sanctus Germanus, ahora están listas para luchar en la batalla final sobre el planeta tierra. Muchas almas avanzadas, personas célebres en la historia humana o asociadas con la Hermandad, han elegido reencarnar en la tierra en este momento para unirse a la batalla al lado de la humanidad.

El resultado de esa batalla ya ha sido determinado, puesto que en este tiempo las fuerzas de la luz prevalecerán y las almas ignorantes serán desterradas del plano terrestre para siempre, dejando atrás a las energías masculina y femenina equilibradas.

Es por esto que el Armagedón, en lugar de ser el fin del mundo, en realidad es la liberación de la tierra de estas influencias malignas a través de la integración de las energías femeninas. El Armagedón establecerá el escenario para una nueva Era Dorada en la que la tierra recuperará su ímpetu hacia la escalera evolutiva y volverá al Creador.

El Divino Presente del "YO SOY"

Sabiendo perfectamente bien que aquellos en el plano terrestre se ocuparían en esta batalla final, el Maestro Sanctus Germanus introdujo el movimiento "YO SOY" en 1930. Nuevamente, él recordó al Occidente lo que los Teósofos les habían dado hacía cincuenta años y lo que los Budistas habían sabido por siglos: que dentro de cada uno de nosotros reside una "pieza" del Creador y así como una gota de agua del océano tiene las mismas propiedades del océano mismo, cada uno de nosotros es, de esta manera, un Dios o Diosa.

Esta partida radical de la teología occidental estándar penetra la mayoría del pensamiento del movimiento de la Nueva Era, porque a pesar de las imperfecciones humanas en la propagación de esta información, su Verdad permanece intacta. Las enseñanzas del divino presente del "YO SOY" son un regalo de Dios y de la Hermandad para ayudar a la humanidad a superar las pruebas y las adversidades de este período de transición. Lo que tuvo su más marcada revelación entre las dos grandes guerras no fue un accidente.

Muchos Maestros de la Gran Hermandad de la Luz que supervisan esta batalla "surgieron de las filas", de la abrupta escuela de la tierra. Este ejemplo sirve para ilustrar un punto principal en el esquema evolutivo – el cual es que cada alma, de forma individual, puede decidir acelerar su evolución. El alma individual no necesita amoldarse al lento paso evolutivo de las multitudes humanas. Aquellos adeptos o personajes célebres que viven entre nosotros son almas que han roto la fila con el resto de la humanidad y han elegido seguir el Camino de la evolución a un paso acelerado. ¿Cómo es esto posible?

De estos billones de almas enviadas a la tierra, no hay dos iguales y, por lo tanto, no hay dos seres humanos iguales. Incluso los gemelos idénticos alojan dos almas diferentes, las cuales justifican la diferencia en sus personalidades. Algunas almas evolucionan más rápido que otras. Algunas habrán tenido más encarnaciones que otras y habrán pasado más tiempo sobre la tierra que otras.

Estas obvias diferencias justifican el por qué algunos están más evolucionados que otros espiritualmente hablando, pero es la naturaleza del libre albedrío en la zona de la tierra lo que permite que el alma tome sus propias decisiones concernientes a su propia evolución de regreso al Creador. En otras palabras, algunas almas eligen un camino rápido mientras que otras se toman su tiempo.

Algunas almas se impregnan tanto con los placeres y dolores materiales de la tierra, que deciden no seguir el camino de evolución. Como las Fuerzas Oscuras se han apoderado de los medios masivos de comunicación y han propagado sus puntos de vista de corto plazo sobre la vida, muchos inocentes y débiles de mente han sido jalados hacia sus filas. Se vuelven víctimas y herramientas disponibles de las Fuerzas Oscuras principalmente en forma de lacayos, chivos expiatorios o criminales menores, cuyas actividades están diseñadas para "soportar crítica y censura" y para distraer la atención del público, mientras ellas cometen crímenes más grandes en contra de la humanidad. Esta, por supuesto, es una condición temporal puesto que todos eventualmente debemos seguir el Camino, incluso si lleva milenios lograrlo.

Aquellos que concientemente toman la decisión de permanecer en el lado de la luz, deben llegar a la realización de la presencia divina interna, el "YO SOY", o el alma que reside dentro de ellos. Su protección es inmediatamente asegurada durante estos tiempos de conmoción y es reafirmado el balance entre los aspectos femenino y masculino del alma.

Cuando ellos se dan cuenta de que la presencia del "YO SOY" o alma, ya perfectamente equilibrada con respecto a las energías masculina y femenina, es la chispa de energía que los enlaza directamente con Dios, el Creador, aprenden a verla como algo para ser adorado, para ser reconocido y de lo que hay que estar agradecido. Se dan cuenta de que ésta mágica presencia del alma en completo balance es el regalo de regalos, el Ser de Dios del individuo. Este es el Ser que uno debe enmendar constante y diariamente, para dar toda la gratitud a la gran presencia del "YO SOY". Cuando meditamos, podemos pedir al "YO SOY" que fluya en nuestro mundo con toda su perfección, y haciendo esto, sistemáticamente liberamos la fuerza de luz que barre toda insensatez, ceguera y estupidez humana y a esos males que rodean a nuestras vidas. Esta simple realización es el David que le quita la vida a Goliat en la batalla del Armagedón que está frente a nosotros.

La Última Fase de este Ciclo

Como todo en el cosmos se mueve en ciclos, hoy en día estamos acercándonos al punto del magnífico ciclo en el que ha comenzado nuestro viaje de regreso a la Fuente, como lo mencioné antes, a la inhalación de Brahma. Este viaje de regreso incluye, entre muchas otras cosas, la recuperación del balance de las energías masculina y femenina que caracterizó a los Lemurianos. En los años venideros, la humanidad logrará esta integración y así creará una Era Dorada de paz y prosperidad.

CAPÍTULO 2

La Gran Hermandad de la Luz

La Gran Hermandad de la Luz dirige la batalla final del lado de la luz. En lugar de usar las obvias estrategias militares que observamos en el plano terrestre, la Hermandad trabaja a través de las almas de cada uno de nosotros. Es por esto que cada alma en la tierra debe, en un punto u otro, tomar una decisión durante este período: ¿se quedará del lado de la luz o de la oscuridad?

Recientes Revelaciones de la Hermandad

Al final del Siglo Diecinueve, Helena P. Blavatsky y Henry Steel Olcott, ambos representantes espirituales de la Gran Hermandad de la Luz, fundaron la Sociedad Teosófica en 1875 y en sus escritos revelaron la existencia de este grupo de seres altamente evolucionados, el cual jugó un papel importante en la evolución de los eventos de la tierra. Ellos enfatizaron que la Hermandad no era un grupo religioso y que no apoyaban a alguna religión en particular.

Su influencia penetra en cada religión, en cada adorador de dios o diosa, en cada evento histórico importante, en cada tendencia artística, en cada movimiento social o político. Todos los grandes personajes célebres como el Maestro Jesús, el Maestro Gautama Buda, el Profeta Mohammed y el Maestro Confucio fueron encarnaciones de seres de la Hermandad altamente evolucionados.

Durante los primeros días del movimiento Teosófico, los Maestros de la Hermandad con frecuencia tomaban forma física y se comunicaban directamente, en persona o a través de cartas, con los miembros de la Sociedad Teosófica. Esto no eran noticias nuevas para las personas de la India y del Lejano Oriente, incluyendo a China y a Japón, quienes por siglos veneraron y rindieron culto a los muchos adeptos de la Hermandad que caminaban entre ellos.

La revelación y la influencia de la existencia de la Hermandad en el occidente crearon un escándalo en los círculos intelectuales. Los intelectuales Victorianos querían pruebas sólidas y científicas de su existencia. Sin embargo, cuando las famosas Cartas de Mahatma, las epístolas de sabiduría de los Maestros mismos se depositaron en manos de ciertas personas, se les consideró como falsas o como un engaño. Los cristianos condenaron a la Teosofía como herejía, a las enseñanzas de los Maestros como filosofías paganas o blasfemia proferida. Incluso los Espiritistas, quienes regularmente se comunicaban con los "muertos", consideraron que la afirmación de la intervención de los Maestros se inclinaba hacia la locura.

No obstante, el Movimiento Teosófico prosiguió su camino bajo la guía de los Maestros Kuthumi y de El Morya. Su cofundador, Col. Henry Steel Olcott, describió a la Gran Hermandad de la Luz de esta manera:

... Aquí hay y siempre hubo solamente una alianza altruista, o fraternidad, de estos Hermanos Ancianos de la humanidad en el mudo; pero está dividida en dos secciones de acuerdo a las necesidades de la raza humana en sus sucesivas etapas de evolución. En una era, el centro focal de esta fuerza de ayuda al mundo estará en algún lugar, en algún otro lugar. Jamás vista y pensada como las vivificantes corrientes espirituales del Akash, no obstante indispensables para el bienestar espiritual de la humanidad, su divina energía combinada se mantiene de era a era y por siempre refresca al peregrino de la tierra, quien lucha hacia la realidad divina. El agnóstico niega la existencia de estos Adeptos porque no los ha visto o hablado con ellos, ni ha leído la historia de su visible intromisión en los eventos nacionales. Pero su ser ha sido conocido por miles de místicos iluminados y filántropos en generaciones venideras, cuyas almas purificadas los han llevado del fango de lo físico hacia la luminosidad de la conciencia espiritual; y en muchas épocas se han involucrado en relaciones personales con las personas que están dedicadas o inclinadas a adorarse a sí mismos en labores altruistas para dar lugar a la hermandad de la humanidad. (Olcott, Henry Steel, *Old Diary Leaves (Hojas del Viejo Diario)*, volumen 1).

Retiro Táctico de la Hermandad

Pero, ¿por qué es que hoy en día la Hermandad permanece desconocida y sin ser vista para la vasta mayoría de la humanidad?

Con el desencadenamiento de las Guerras Mundiales desde 1914 a 1945, seguidas por cincuenta años más de locura, la Hermandad se retiró a un segundo plano para esperar el momento adecuado para reaparecer. Su influencia continuó a través de ciertos mediums y a través de la comunicación telepática con muchos individuos ignorantes. La Hermandad continuó revelando partes de la Sabiduría Antigua que contrarrestarían la negatividad generada en las Grandes Guerras a través de las obras de Alice Bailey y del Maestro Djwal Khul, del movimiento del YO SOY y de otros varios intentos, la mayoría de los cuales solamente tuvieron un impacto moderado sobre la humanidad, puesto que el mundo fue jalado hacia un frenesí de materialismo posguerra.

Mientras los místicos cristianos, siguiendo la misión del Maestro Jesús en la tierra, preservaban secretamente su contacto con la Hermandad en los siglos dominados por la iglesia, las escuelas arcanas de la posguerra y los grupos esotéricos continuaban enseñando y dispersando información acerca de la Hermandad, esta época compitió contra de la corriente después del materialismo. Muchas organizaciones desaparecieron por los antagonismos y los problemas.

Pero a pesar de este breve retiro táctico, la Hermandad permaneció como una realidad y continuó influenciando los eventos mundiales desde ese segundo plano, principalmente a través de médiums e intermediarios.

La Jerarquía, Un Hecho, Una Realidad Cósmica

La ley cósmica organiza un enorme estanque de distintas evoluciones de almas hacia una estructura cósmica jerárquica, expandiéndose desde el infinito Creador hasta el átomo básico. Esta estructura está reflejada en nuestra propia sociedad humana. Cada grupo u organización está ordenada de manera jerárquica. Cada quien está por debajo o por encima de alguien. Incluso en el grupo más pequeño, hay un líder. Es digno de atención observar que incluso todas las defensas por la igualdad humana, p.ej. la democracia, el socialismo y el comunismo, han terminado creando una de las jerarquías más grandes de la historia.

Una estructura jerárquica espiritual y correcta no domina – es por naturaleza una jerarquía de amor, una que promueve la mejora. Cada alma ocupa un cierto nivel de jerarquía de acuerdo a su nivel de evolución espiritual. Aquellas en los niveles superiores guían y ayudan a aquellas en los peldaños inferiores para que puedan avanzar. Cuando el alma crece más espiritualmente, sube la escalera de la evolución.

La Ley Cósmica de la Jerarquía es un hecho, una realidad cósmica en el Universo. La función principal de la jerarquía es preservar y proteger el orden divino y la sabiduría. El individuo puede tener el consuelo de que siempre hay alguien superior a él, cuyo conocimiento superior puede ayudarle y protegerle, y alguien por debajo de él, a quien él puede enseñar y proteger.

Aquí en el plano terrestre, la jerarquía se traduce a una condición en la naturaleza en la que siempre hay un líder, un gobernante o alguien de posición superior. Los reinos inferiores –mineral, vegetal y animal– también están organizados en algún tipo de jerarquía. Y dentro de cada reino también existe una compleja jerarquía de subreinos. En el reino humano, cada familia, sociedad, institución y estructura gubernamental refleja esta estructura jerárquica universal.

Cualquier individuo que afirme que es una entidad independiente externa a la jerarquía está haciéndose ilusiones, puesto que generalmente es alguien que ha estado sujeto al dominio dentro de una jerarquía a la que teme y a la que se revela con frecuencia.

La Estructura Interna Gubernamental del Mundo

Hoy en día, el mundo está dividido en naciones-estados dentro de las cuales cada una posee una estructura gubernamental jerárquica. A nivel internacional, existe una red de organizaciones internacionales tales como la de las Naciones Unidas y organizaciones regionales cuyos miembros son las naciones-estados. Encima de esta estructura política terrestre existe otro peldaño jerárquico, cubriendo a toda la tierra, una cadena de jerarquías o estructura gubernamental divina. Este es el Gobierno Interno o estructura de poder de la Gran Hermandad de Luz operando en el plano etéreo desde Shamballa, ubicado en la región norte de los Himalayas en Asia Central. Desde ahí, ellos se comunican instantáneamente con sus hermanos y hermanas en todo el mundo por medio de la telepatía.

El gobierno espiritual interno está a cargo de la implementación del Gran Plan Divino que fue redactado para la tierra hace millones de años. Cada uno de los billones de almas sobre la tierra es parte de este Plan y cada una es guiada para cumplir con su papel y tarea particulares.

Un consejo que encabeza tres oficinas – la del

Maestro del Mundo, la Ejecutiva y la Facilitadora (Voluntad Divina) – dirige el actual gobierno espiritual interno. Lord Kuthumi ahora encabeza la Oficina del Maestro del Mundo y expondrá los principios cósmicos que gobernarán la Nueva Era Dorada. Él trabaja con los Maestros Jesús, Babaji, Hilarion, Serapis Bey, un Maestro Inglès y muchos otros que han asumido la vasta tarea de educar a toda la humanidad con estos principios.

La Oficina del Ejecutivo la encabeza el Maestro Sanctus Germanus, quien coordina múltiples actividades para preparar al mundo para el regreso del Maestro del Mundo. Él encabeza durante el Armagedón la batalla de las Fuerzas de la Luz en contra de las oscuras junto con la Maestra Lady Quan Yin. Esta oficina requiere la coordinación masiva de varios Maestros y que trabajen junto con sus respectivos grupos, iniciados y actividades para cumplir con sus respectivas tareas de acuerdo al Plan Divino.

Finalmente, la tercera oficina de este grupo triunvirato es la Facilitadora, ocupada por el Maestro El Morya. Él representa la Voluntad Divina, el ímpetu y el poder que implementan las políticas y los programas educativos de las otras dos oficinas – la del Maestro del Mundo y la Ejecutiva. Representando a la Voluntad Divina, el Maestro Morya encuentra el camino más efectivo; el camino de menos resistencia para ir de A a B y el poder para implementar y realizar una política de forma más eficiente y ahorradora de energía.

Los Maestros

Trabajando con estos tres Maestros principales está

un ejército de 155,000 Maestros. Estos seres perfeccionados, en lugar de mudarse a grupos planetarios más avanzados, concientemente han elegido permanecer dentro de la atmósfera terrestre para ayudar al resto de la humanidad a evolucionar. Ellos ya no necesitan utilizar los densos cuerpos físicos que portamos nosotros, sino existir en forma de materia más ligera, más etérea a la cual llamamos espíritu. Ellos pueden, sin embargo, materializarse temporalmente hasta el punto en donde el hombre común pueda percibirlos. Pueden estar en varios lugares a la vez y su extraordinaria inteligencia y percepción hace posible que disciernan nuestros pensamientos y que respondan instantáneamente a ellos. Por su nivel de perfección, ellos representan la futura raza humana y, por lo tanto, la dirección de evolución que la humanidad deberá tomar.

Los Maestros de la Hermandad van a donde se les necesita. Hay oficinas generales de la Hermandad en cada continente, todas existentes en el plano etéreo, más allá de los limitados cinco sentidos del hombre común.

Los Maestros tradicionalmente se han comunicado con el plano terrestre en un cierto número de formas. Una es a través de la telepatía – transferencia de pensamiento del espíritu al cerebro humano. Sus mensajes de verdad contactan a nuestros Seres Más Elevados o almas individuales y entonces son seleccionados y filtrados a través de nuestras mentes subconscientes, después a nuestras mentes concientes y, finalmente, hacia el cerebro. Mucha de esta transmisión se lleva a cabo mientras estamos en un estado de sueño y cuando el cuerpo físico no presenta demasiada resistencia para recibir los mensajes telepáticos. Durante nuestras horas de vigilia, aquellos de buen corazón y principios reciben estos pensamientos en forma clarividente no dándose cuenta, con frecuencia, de donde provienen.

La naturaleza y extensión de las actividades del Gobierno Interior alcanza a cada sector de la vida sobre la tierra. Algunos clarividentes están concientes de su intervención, pero la vasta mayoría de la humanidad permanece completamente ignorante de su influencia. Por ejemplo, el Maestro Djwal Khul ayuda en el trabajo de enlace entre la Oficina del Maestro del Mundo y aquellos iniciados y discípulos sobre la tierra. El Maestro JMH ayuda a la Oficina del Ejecutivo en las áreas internacionales de política, economía, finanzas e inteligencia y el Maestro Jesus ayuda a supervisar y guiar el trabajo de los Trabajadores de la Luz en el planeta tierra. Cada Maestro supervisa su asram con miles de trabajadores en varios comités para cumplir la transición final hacia la Era Acuariana, en línea con el Plan Divino.

Bajo el Maestro Kuthumi, existe un comité constituido por ex-eclesiásticos de las principales religiones del mundo, quienes están editando las Sagradas Escrituras (la Biblia, el Corán, la Cábala, el Bhaghavab Gita, etc.) a fin de poder adaptarlas a las necesidades de la próxima Era Dorada. Otro comité bajo la supervisión del Maestro JMH monitorea los esquemas financieros de los economistas detrás de las Fuerzas Oscuras. Algunas Damas Maestras de la Hermandad preparan a hombres y mujeres para su avanzado papel en la pacificación cuando el Rayo Femenino descienda sobre los eventos del Armagedón. Otras trabajan entre aquellos que están en la realización y creación de arte, religión, cultura, literatura, ciencia, academia y similares, todo con el objetivo de elevar el pensamiento y la cultura del hombre.

El trabajo de los Maestros Ascendidos está en constante movimiento y, de los ejemplos anteriores, están entrelazados y coordinados de una forma más compleja. Entonces, ¿qué gobierna todas las actividades?

Gobierno por Plan Divino

El Plan Divino para la tierra ha existido desde un tiempo inmemorial y es indescifrable para la limitada mente humana. Sin embargo, de vez en cuando, aparecen en la tierra avatares y mensajeros para revelar pequeños trozos del Plan. En esta particular unión del Plan, el triunvirato cuerpo está preparando a todo vapor a la humanidad para el eventual acercamiento del Maestro del Mundo. Las religiones tradicionales con frecuencia han hablado de la segunda venida de sus principales maestros. Pero esta vez, habrá un Maestro que representará a un vasto grupo de enseñanzas apuntadas a todos los niveles de la humanidad y demostrará cuánto puede lograrse en la tierra una vez que se ha alcanzado el balance entre las energías masculina y femenina.

Pero antes de que la humanidad pueda recibir estas enseñanzas, la tierra debe realizar una limpieza masiva, puesto que sin esta purificación, las enseñanzas del Maestro del Mundo no serán tomadas en cuenta o nuevamente caerán en la marisma de religiones conflictivas como en el pasado. Esta es la razón por la cual el así llamado Armagedón, expulsará y separará todo los elementos malos de la tierra. Únicamente después de esta purificación la humanidad estará lista para las enseñanzas evolutivas del Maestro del Mundo.

Exteriorización de la Jerarquía Espiritual

Hoy en día, mientras las energías femeninas se reintegran, los Maestros de la Hermandad se están revelando más y más a la humanidad tanto telepática como físicamente. Esto es parte del proceso conocido en ciertos círculos esotéricos como la exteriorización de la Jerarquía Espiritual (otro nombre para la Hermandad).

Para implementar su trabajo en el plano físico terrestre, la Hermandad requiere a personas vivas que caminen tranquila y discretamente entre la humanidad. Esta es la otra parte del proceso de exteriorización, el cual incluye a miles de almas avanzadas que han encarnado en todas partes del mundo en forma de iniciados, adeptos y discípulos de la Hermandad. Ellos viven entre la humanidad en todos los niveles de la sociedad humana. Tienen posiciones en el gobierno, corporaciones, instituciones educativas, organizaciones científicas, bancos, beneficencias, organizaciones religiosas y otras en todas partes del mundo. Muchos han logrado un completo conocimiento de sus campos particulares y actúan con mucha autoridad y conocimiento laboral.

Este grupo externo de almas, la extensión de la Hermandad en el plano terrestre, es conocido como el Nuevo Grupo de Servidores del Mundo o simplemente como trabajadores de la luz. Ellos representan a los avanzados discípulos e iniciados, las "tropas" asentadas en la tierra para pelear con las Fuerzas Oscuras durante el Armagedón bajo la completa dirección del Maestro Sanctus Germanus, de los Maestros y sus respectivos miembros del asram de la Hermandad. Ellos pueden comunicarse telepáticamente con sus Maestros. También pueden servir como médiums a través de los cuales los Maestros pueden dirigir congregaciones de personas.

Como parte del proceso de exteriorización, los Maestros se materializarán temporalmente para comunicar algo importante a una persona en particular y después se desmaterializarán. Incluso podrían materializarse como un adepto para instruir a un grupo de discípulos por un período de tiempo y después evaporizarse. O pueden hablarle a una persona en sus sueños y marcar a su mente consciente con ciertas ideas. Sin embargo, cuando la batalla del Armagedón alcance la cima, los Maestros se le aparecerán más marcadamente a la humanidad por razones que cubriremos en el siguiente capítulo.

De acuerdo a la Ley Cósmica del Libre Albedrío, los Maestros solamente pueden grabar y sugerir ideas a sus iniciados y discípulos en la tierra. No pueden imponerlas. Así que el receptor es libre de rechazarlas, modificarlas o seguirlas. Algunos de los iniciados y discípulos encarnados pueden estar tan metidos en el *mundo de la imaginación* o en la ilusión del plano terrestre que quizá elijan no escuchar o actuar bajo las sugerencias de los Maestros y, por lo tanto, habrán fallado en su misión. Tal situación es una fuente de constante frustración para los Maestros Ascendidos.

Algunos Maestros, quienes se materializan

regularmente entre nosotros, ya son conocidos en el mundo de lo oculto. El Maestro Sanctus Germanus generalmente emplea su más famosa encarnación como el Conde de San Germán, aunque esto no lo detiene para tomar cualquier personalidad que elija. El Maestro JMH es conocido por "fallar" importantes reuniones de los ministros financieros del mundo, de grupos de comercio y economía y de las más siniestras reuniones de las Siete Hermanas, las siete principales compañías de producción y distribución de petróleo. Como otros Maestros, él tomará cualquier forma que cumpla con la tarea al alcance de la mano.

Otros Maestros de la Hermandad prefieren grabar su consejo telepáticamente y transferir sus pensamientos e ideas a aquellas mentes clarividentes lo suficientemente deseosas y desarrolladas para aceptarlas. Otros incansablemente graban ideas progresivas e innovadoras sobre hombres de Estado, artistas, científicos, escritores, clérigos y otros individuos de mente abierta, con frecuencia sin el conocimiento de éstos. Este constante flujo de revelación justifica los avances científicos, los sublimes logros artísticos y los giros de eventos internacionales de mejoras que experimentamos en la tierra.

Otra forma de exteriorización es a través del proceso de "posesión". Se sabe que los Discípulos de los Maestros que permanecen en espíritu y que están trabajando diligentemente en el Plan Divino se apoderan de los cuerpos de los ya encarnados. Con frecuencia por un acuerdo previo, un alma encarnará y tomará un cuerpo físico en cierta etapa de desarrollo. En el momento designado, un alma nueva y más elevada "entrará" y se apoderará del cuerpo mientras el alma original exista. El nuevo ocupante retendrá toda la memoria y características del cuerpo, pero con frecuencia sus amigos notarán sutiles cambios.

El Gobierno Interno de la Jerarquía Espiritual aún extiende su influencia debajo del plano humano. Trabajando con *devas* o criaturas angelicales, influyen en los inferiores reinos animal, vegetal y mineral. El fenómeno físico y las aportaciones producidas por los grandes personajes célebres de lo oculto, tales como Helena P. Blavatsky, el misterioso adepto, JMH y ciertos médiums transfísicos, hoy en día demuestran el tipo de control benevolente que la Hermandad mantiene sobre estos reinos.

Algunos pueden preguntarse, "¿Por qué los Maestros no se apoderan del mundo y lo enderezan de una vez por todas?" La respuesta es bastante simple. Los Maestros deben cumplir con la Ley Cósmica del Libre Albedrío que es específica para esta zona del Universo. Además, si los Maestros hicieran todo, ¿cómo aprendería el alumno?

CAPÍTULO 3

Las Fuerzas Oscuras Hoy en Día

"Por sus frutos, los conoceréis." Jesús

Todos los ataques y conflictos terroristas alrededor del mundo, incluyendo a la Guerra Árabe-Israelí en curso, a los conflictos Indo-Paquistaníes, a la guerra de guerrilla Tamil-Cingalés en Sri Lanka, a la guerra en Afganistán en contra de los así llamados terroristas de Al Qaeda, a la guerra de Irak en curso, a las revueltas Musulmanes en Filipinas, a las tensiones en los canales de Taiwán entre China y Taiwán, y a la multitud de otras guerras étnicas y genocidas llevándose a cabo en los Balcanes y África central, están diseñados para mantener al mundo en un estado de perpetua división y conflicto. Tan pronto como un conflicto es resuelto, otros pierden la calma en un estado de guerra sin fin.

El ataque aéreo sobre el World Trade Center en Nueva York el 11 de septiembre conmocionó al mundo, ya que así fue planeado. Pero la verdadera historia de este ataque y de otros conflictos en el mundo actual no es la que describen los medios populares. En esencia, lo que se manifiesta en la tierra es el reflejo de la batalla iniciada en el plano astral entre la Gran Hermandad de la Luz y las Fuerzas Oscuras que viven en la tierra. La poderosa lanza ya ha atravesado el corazón del gran dragón del mal, significando el fin del apogeo de las Fuerzas Oscuras sobre la tierra. Cuando el dragón sucumbe, su cola se azota en la agonía y cuando la cola flagela, sentimos todavía otra oleada de confusión que pasa por el plano terrestre. En el plano terrestre, las Fuerzas Oscuras desesperadamente intentan hacer un agarre final de todo el poder que necesitarán para quitar a las multitudes humanas y colocarse ellas mismas en la cima del mundo... es lo que piensan. Pero las fuerzas de la luz armadas con las entrantes energías femeninas ya han determinado el resultado de esta batalla, el Armagedón, y las Fuerzas Oscuras están condenadas a la ruina.

La mayoría de la literatura esotérica ha tratado la información sobre las Fuerzas Oscuras con bastante cautela, puesto que siempre en el corazón de la Hermandad estuvo que estos ignorantes, también creaciones de Dios, algún día elegirían el camino de la luz. Ciertamente algunos se han transformado, pero muchos más no y continúan el camino oscuro que causa caos en la tierra.

En este capítulo deseamos compartir nuestras observaciones de cómo operan actualmente las Fuerzas Oscuras, puesto que entre más informada esté la humanidad, estará mentalmente más preparada para resistir los sombríos trabajos de las Fuerzas Oscuras. La resistencia mental de la humanidad tiene un poder incalculable para acelerar el inevitable deceso de las Fuerzas Oscuras.

Primero, debemos recordarles que los hechos esotéricos publicados en estos capítulos deberán ser considerados como alimento para el pensamiento. Algunos de ustedes quizá se conmocionen o se indignen con lo que digamos, pero cualquiera que sea la reacción humana que puedan provocar nuestras palabras, nuestra intención es simplemente informar y educar, con la esperanza de que todas las cosas sean entendidas a su debido tiempo. No estamos aquí para mimar, ni estamos aquí para adular, ni para asustar. Ni estamos aquí para traer algún tipo de cura protectora en contra de alguna fuerza maligna, porque para empezar en realidad no creemos en el mal. Lo más cercano a lo que podemos llamar mal es la *ignorancia*. Debido a que únicamente cuando el alma es profundamente ignorante tiende a hacer cosas que las personas llaman malas.

¿Por Qué los Hermanos Oscuros Encarnan en la Tierra?

En el capítulo anterior mencionamos que las Fuerzas Oscuras consisten de desertores de evoluciones más avanzadas. Quizá se pregunten por qué se les permite encarnar en la tierra para llevar a cabo sus acciones viles. La tierra está en la zona del universo del libre albedrío y cualquier alma puede decidir encarnar en la tierra. En nuestro particular nivel de evolución, aprendemos por ensayo y error. Así es como son las cosas en el Comité Escolar Planetario de la Tierra, por así decirlo. Todos encarnamos como individuos, aprendemos como individuos y juntos como parte de nuestra cultura y sociedad. Debemos elegir entre lo elevado y lo bajo, entre el bien y el mal y entre lo correcto y lo equivocado. Únicamente de esta manera realmente descubriremos la verdad. La presencia de las Fuerzas Oscuras en la tierra proporciona una polaridad, a fin de que todos los encarnados puedan elegir su camino entre el bien y el mal.

Cuando se les oculta una decisión o algo no les es permitido a ustedes, no obtienen nada *no* tomando parte de ello. Donde el alcohol es prohibido, por ejemplo, tienden a encontrar a más alcohólicos. Donde es permitido, encontrarán menos abuso. Esta es simple naturaleza humana.

Entonces en esta escuela planetaria, aquellos encarnados como hermanos oscuros también poseen libre albedrío y se les da la prerrogativa para que una y otra vez intenten decidir entre lo correcto y lo equivocado. A uno no se le condena a este estado para siempre, debido a que en la luz del Amor de Dios, los hermanos oscuros siempre tienen el derecho de elegir el Camino de la Rectitud. Pueden pasar eones, pero eventualmente esa alma se alineará con el Camino. Muchas de las brillantes luces espirituales de hoy, en una época, han sido parte de estas Fuerzas Oscuras y desde entonces han elegido el camino de la luz. Algunos de los médiums de hoy en día también han experimentando una o dos vidas pasadas como hechiceros malévolos.

Así a pesar de sus acciones viles que con frecuencia hacen de la vida una dura experiencia, las Fuerzas Oscuras aún así son creaciones de Dios, a pesar de las almas que han elegido el camino de la ignorancia.

Temas Atlantes de las Fuerzas Oscuras

Las actuales Fuerzas Oscuras en la tierra son las mismas almas desertoras de evoluciones que atracaron la civilización Atlante siglos antes. Han estado esperando en las alas oscuras del plano astral hasta que la tierra alcanzara el mismo nivel de civilización de la Atlántida en el momento que fue destruida. Mientras que algunos de estos desertores quizá hayan elegido el camino de la luz, muchos de ellos eligieron reencarnar en la tierra para continuar sus actividades en dos áreas principales: 1) la acumulación de dinero para controlar a las multitudes humanas 2) la incitación a la guerra como un medio para forzar una agenda de opresión sobre las personas mientras se generan más ganancias monetarias. Ambas técnicas Atlantes son utilizadas para prevenir o frustrar la re-evolución espiritual de la humanidad hacia su Creador.

Regresando aproximadamente hace 24,000 años, nos encontraremos en la Atlántida, una comunidad y cultura bastante sofisticada en una crisis de evolución similar a la de la tierra hoy en día, eso es, transitando de la Era Pisciana a la Acuariana. En ese punto, los Atlantes habían alcanzado un aún más elevado nivel de conocimiento en ciencia y tecnología que el tiene la tierra actualmente. A nivel espiritual, sin embargo, un sondeo espiritual de la ciudadanía de la Atlántida revelaría, en este momento, que las almas de hoy en la tierra están mucho más lejos de la realización espiritual que las de la Atlántida. Esto es porque cada gran personaje célebre espiritual en la historia de la tierra probablemente ha reencarnado durante estos tiempos para jugar un papel en los eventos venideros y así prevenir la repetición de la destrucción que le sucedió a la Atlántida durante sus últimos días.

En el nivel científico-tecnológico, los Atlantes habían descubierto el poder del sonido que podía ser usado de manera similar a nuestra actual tecnología de rayo láser. Descubrieron que el sonido podía usarse para propósitos militares – apuntando ondas sonoras en cualquier órgano del cuerpo, podían hacer que explotara. Muchos científicos querían experimentar y desarrollar esta tecnología a fin de que pudiera ser "afinada" para causar el más grande daño a sus enemigos.

Se originó una gran controversia sobre este asunto. Aunque los hombres y las mujeres Atlantes se mantenían sobre una base de igualdad, esta controversia causó una gran falla entre los dos sexos. Las mujeres, que entonces funcionaban como la conciencia de la humanidad como lo hacen actualmente, no estuvieron de acuerdo con los hombres que seguían esta línea de investigación simplemente para ver cuán lejos podían llegar. Al final, imperaron los hombres.

Mientras tanto, los líderes de los fondos financieros de la Atlántida descubrieron que acumulando enormes sumas de dinero y conduciendo a la mayoría de la gente común a la pobreza, podían controlarlos mejor para que cumplieran sus órdenes. Poco más tarde, tanto los líderes de las comunidades científicas como los de las financieras descubrieron que combinando la alta tecnología militar con enormes cantidades de dinero, podían dominar la civilización completa. Finalmente, este matrimonio entre el dinero y la incitación a la Guerra derrotó a la civilización Atlante.

Las Fuerzas Oscuras Hoy en Día

Muchos de estos caparazones de alma han reencarnado sobre la tierra en los pasados siglos, practicando lo que hacen mejor como monarcas dictadores y emperadores, monopolizar el poder y los recursos para iniciar la guerra. Uno solamente necesita referirse a los libros de historia mundial para leer sobre la sucesión de los imperios y sus guerras. Actualmente, se han adaptado a los modernos sistemas de gobierno democrático y a la tecnología de las comunicaciones para, nuevamente, acumular enorme riqueza y poder. En lugar de estar limitados a ciertas áreas geográficas, como en el pasado, sus actividades se extienden por todo el mundo sin respeto a la nacionalidad, país o raza llevando a cabo, en efecto, la profecía del monstruo de cabeza de hidra del Libro del Apocalipsis.

Estos ignorantes constituyen la forma de las Fuerzas Oscuras actuales. Han encarnado en formas humanas de todas las razas y géneros y, coherentes con su pasado, constituyen un *género* de almas que sabe cómo acumular enormes fortunas para iniciar guerras para obtener más ganancias y para controlar a las multitudes con el objetivo de reprimir la evolución de sus almas. Han sido capaces de desviar estos evidentes temas generando cada sofismo concebible entre los intelectuales y practicantes semejantes – determinismo económico, conservadurismo, liberalismo, comunismo, capitalismo y otros – para justificar o encubrir sus acciones. Sin embargo, divididos bajo cualquier "doctrina" en la que operen, vemos en el mero corazón de todo el conflicto y el antagonismo sobre el planeta tierra estos temas duales de acumulación de dinero y belicismo.

Olas de Encarnaciones del Plano Astral

Justo del otro lado de la muerte yace el plano astral. Aquí, reside una vasta serie de seres descarnados que han traspasado el portal de la muerte. Estos individuos todavía poseen lo que se consideran cuerpos materiales, solamente que de forma más etérea, una forma más ligera de materia vibrando a una ligeramente más rápida velocidad que la de nuestros densos cuerpos físicos.

Como en el resto del universo, el plano astral está dividido jerárquicamente en varios niveles y los descarnados se congregan de acuerdo a sus respectivos niveles de desarrollo espiritual. Ellos continúan viviendo, trabajando y estudiando para su avance espiritual justo como lo hacían en el cuerpo físico, únicamente que no necesitan dinero ya que todo lo que desean simplemente tienen que pensarlo para que exista. Aquí, ellos revisan una y otra vez los errores que cometieron durante su encarnación anterior, y con la ayuda de seres más elevados, diseñan una encarnación que equilibrará los males y que les enseñará nuevas lecciones en el plano físico terrestre.

Atravesar el portal de la muerte no hace del muerto un ángel al instante. Un descarnado llega al plano astral exactamente al mismo nivel de evolución espiritual al que tenía como encarnado. Entonces, en el plano astral hay seres descarnados que son tanto del bien como del mal, pero con una gran diferencia – no están mezclados como en la tierra. Aquellos que tienen inclinaciones espirituales similares están agrupados: los descarnados buenos y benevolentes están juntos, mientras que los de las Fuerzas Oscuras se congregan en su propio dominio.

Lo que define la diferencia entre estos dos grupos es: 1) los buenos aún están conectados a sus Seres Elevados o almas y continúan trabajando en su crecimiento espiritual. Los guías y maestros de la Gran Hermandad de la Luz continúan guiando este grupo hacia su evolución espiritual. 2) los descarnados ignorantes o aquellos de otras evoluciones, las cuales hemos citado antes, se han desconectado de sus almas y, por lo tanto, no siguen el Camino de la evolución. De este modo, se les podría llamar *dementes*, aunque ellos pueden decidir en cualquier momento reconectarse con sus almas y continuar con su evolución espiritual. Muchos no y por lo tanto nunca evolucionan más allá del plano astral. Se consumen juntos aquí, con frecuencia aburridos de la malevolente compañía mutua y esperando otra oportunidad para encarnar en la tierra.

La mala compañía atrae más mala compañía. ¡Imaginen una serie de seres descarnados impenitentes como Hitler, Stalin, Mussolini, Hirohito, Franco, Salazar, Trujillo y Kim II Song en compañía de una multitud de otros dictadores menores, ladrones y criminales, aguardando su tiempo y desesperados por reencarnar!

Entonces, justo cuando la tierra cree que se ha deshecho de un desquiciado dictador, de un monarca opresor o un asesino en serie ejecutado, ¡esta misma alma puede reencarnar o poseer a otro cuerpo humano y continuar causando daño y conflicto en la tierra! Pueden elegir reencarnar como niños, pero estos días, este proceso puede ser demasiado lento, ¡y por qué molestarse con todos las penas del crecimiento! Es más fácil simplemente poseer a otro individuo completamente y hacerlo un esclavo. En estos días de locura, tales posesiones son aún más frecuentes.

Incluso si estos ignorantes han sido ejecutados por el sistema de justicia criminal, o muertos en otra circunstancia, pueden proyectar una mala conducta y maldad desde el plano astral o volver a encarnar. Es por esto que los sistemas de justicia criminal tanto a niveles nacionales como internacionales no han sido capaces de detener la marea de crimen y conflicto. Y parece empeorar más y más en cada transición de generación.

Influencia Telepática en la Tierra

Arriba mencionamos que las almas ignorantes, incapaces de encontrar un vehículo adecuado de encarnación sobre la tierra, ¡pueden proyectar una mala conducta desde el plano astral hacia el terrestre! Se desarrolla cierta frustración enjaulada entre estas almas ignorantes, puesto que no tienen a nadie a quien atormentar y victimizar entre su compañía de descarnados malos. Atormentarse a ellos mismos sería demasiado aburrido, debido a que su locura los conduce a esparcir tanto daño y desunión como sea posible. En cambio, buscan agentes o individuos receptivos en plano terrestre para influenciarlos telepáticamente.

Entonces, ¿quiénes se convierten en sus víctimas en el plano terrestre? Las primeras y más obvias son aquellos seres encarnados de las Fuerzas Oscuras que se las han arreglado para encarnar en varias partes del mundo. Las segundas son los psíquicos sin educación que están abiertos a la adulación del descarnado y que se comunican con cualquier voz "espiritual". Las terceras son los clarividentes e intuitivos por naturaleza, quienes se emocionan al comunicarse con otra dimensión sin darse cuenta del peligro potencial del contacto. Las cuartas son las personas de carácter débil que son propensas a ciertas obsesiones o hábitos tales como las drogas y el alcohol y que pierden el control de sus facultades físicas. Las quintas son los de mente débil o los fácilmente poseídos, a quienes estas fuerzas astrales obligan a cometer crímenes atroces en el nombre de Dios o a nombre de ellos. Y las sextas son las almas jóvenes con tendencias criminales que son fácilmente manipulables para realizar el trabajo sucio de las Fuerzas Oscuras y así tener riqueza y poder rápidamente.

Las Fuerzas Oscuras sobre el plano terrestre son maestros en la magia negra. A través de la telepatía pueden comunicar o controlar a los individuos que están trabajando para ellos o que son demasiado débiles como para resistírseles. Estos magos oscuros están programados para hablar el mismo vocabulario de los trabajadores del bien y muchos toman sus lugares en organizaciones caritativas tanto de naturaleza religiosa como gubernamental.

Así como algunos de nosotros respondemos a la orientación de guías espirituales o Maestros en la Gran Hermandad de la Luz, los agentes encarnados de las Fuerzas Oscuras también están programados para seguir las órdenes emanadas de sus "colegas" en el plano astral. De carácter altamente emocional, ellos responden a las necesidades del plano astral como autómatas y con frecuencia sin darse cuenta de ello, son manipulados de acuerdo a los planes que las

Fuerzas Oscuras han trazado para oponerse al Plan Divino.

Propagación de la Confusión

Hemos visto que las Fuerzas Oscuras pueden comunicarse telepáticamente con los cuerpos emocionales de los individuos e instarlos a llevar a cabo sus órdenes malignas desde los planos astral o mental inferiores. No obstante, los Maestros de la Hermandad también se comunican telepáticamente con la humanidad pero desde los planos espiritual y mental superiores. Cualquiera que sea la fuente, todos los mensajes deben, eventualmente, filtrarse primero a través de la mente subconsciente humana y después a través de la mente consciente y del cerebro antes de que el individuo tenga conocimiento de ellos. Y aquí es donde está el problema: Las inexpertas mentes de la multitud humana no pueden distinguir los mensajes telepáticos provenientes de las Fuerzas Oscuras de aquellos enviados por la Hermandad.

Las olas astrales de las Fuerzas Oscuras, con frecuencia en coordinación con los medios masivos de comunicación terrestres, fácilmente pueden influir en las personas de alguna manera u otra. Al mismo tiempo, la Hermandad emite sus mensajes de amor y sabiduría a través de este humo de negatividad en una constante lucha por neutralizarlo. Esto con frecuencia justifica el "estira y encoge" que hay en el pensamiento de la humanidad.

Esto hace que las mentes esotéricas entrenadas rechacen los engañosos mensajes de las Fuerzas Oscuras y tomen solamente los mensajes de sabiduría de la Hermandad que fluyan de los planos espirituales superiores y los mantienen intactos y sin influencia del bombardeo de los medios.

Los Agentes de las Fuerzas Oscuras del Plano Terrestre

Las teorías de conspiración abundan alrededor de un poderoso grupo de financieros que ejercitan tal control tras bambalinas sobre los eventos mundiales, que incluso los gobiernos debidamente electos se convierten en meras marionetas de su ignorante voluntad. Por años, la gente sólo murmuraba historias sobre las Siete Hermanas, los Iluminati, la Comisión Trilateral, el Consejo de Relaciones Exteriores y otros, los cuales se proponían tener suficiente poder para así poner bajo su influencia a cualquier gobierno, democrático o autocrático. Se dice que el propósito principal de estas sociedades secretas es dar lugar a Un Gobierno Mundial que someterá a la tierra entera a su ley oscura.

Todas estas historias, que suenan más como material para una novela de ciencia ficción, desafortunadamente son reales hasta cierto punto. Sin embargo, deberemos aclarar un hecho para su atención: si cualquiera de estos grupos sospechosos son conocidos al público con cualquier nombre, pueden tener la certeza de que no son más que la fachada de fuerzas más siniestras y ocultas que pasean por los pasillos de las casas monetarias de Ginebra. Son creaciones para distraer y confundir al público de que piensen que pueden identificar a las Fuerzas Oscuras, mientras que los verdaderos delincuentes están hilando su ignorancia y trabajos malos bajo diferentes apariencias.

Los encarnados de las Fuerzas Oscuras en el plano terrestre aparecen como seres humanos que viven y trabajan entre nosotros. Aquellos en la cima de la jerarquía de las FO están completamente conscientes de que son parte de la jerarquía que refleja de muchas formas la estructura jerárquica de la Hermandad. Ellos habitan los lujosos palacios de Ginebra y otros grandes centros urbanos del mundo, visten los trajes más finos que el dinero puede comprar, comen en los restaurantes más finos y usan los mejores perfumes. Altamente inteligente, atractiva y seductora, su influencia pasa a los rangos más altos de poder y afecta a los gobiernos de todo el mundo.

Su influencia es tan penetrante que pueden ordenar una transferencia de fondos para hacer que la bolsa de valores se consolide un día o se desplome al siguiente. Pueden pasar una breve nota para ordenarle a un líder de un país que comience a una guerra con el país vecino. Ninguna estructura de poder en la tierra está libre de su influencia y se encuentran en todo el mundo. Y a lo largo de los años, sus marionetas han accedido al legítimo poder ocupando las más altas oficinas en el gobierno y teniendo posiciones en los consejos de directores de varias corporaciones privadas o públicas.

No vacilan en imitar el trabajo de la Gran Hermandad de la Luz, hablando las mismas palabras pero usando, en cambio, el fenómeno de la magia negra para impresionar a las mentes flexibles e inactivas de las multitudes humanas en cuanto a su validez y sinceridad. Además, han desarrollado habilidades telepáticas para comunicarse con su especie por todo el mundo y con sus cómplices en el plano astral. A través de la telepatía con frecuencia ellos impactan a los medios de comunicación para esparcir el descontento y conflicto masivos.

Incluso posan como Dios, enviando mensajes desde el plano astral a varios grupos religiosos de la tierra. Los grupos religiosos, a su vez, reciben respuestas contradictorias y conflictivas a sus oraciones en el nombre de Dios y, por lo tanto, nacen los conflictos religiosos alrededor del mundo.

Estos agentes terrestres de las Fuerzas Oscuras están obsesionados con la acumulación de vastas sumas de dinero para controlar todos los aspectos de la sociedad humana. Ellos controlan los sistemas bancarios y financieros, las agencias de tributación y regulación gubernamental, la milicia, las bolsas de valores, los casinos y las corporaciones públicas de las cuales sacan vastas sumas de dinero de cada país en el mundo.

Ellos promueven el belicismo como un negocio lucrativo. Las guerras también agitan los miedos y la dependencia entre las poblaciones combatientes a fin de que sean dóciles y fáciles de controlar. El resultado es la represión de los derechos del individuo.

Estos seres malevolentes o retrocesos del período Atlante están organizados en una jerarquía muy parecida al crimen organizado. Sin embargo, su estructura jerárquica se sienta a sus anchas tanto en el plano astral como en el terrestre, lo cual les da un campo de operación más amplia y flexible. También refleja el bloqueado estado evolutivo de sus ignorantes miembros, puesto que están bloqueadas la luz y la inspiración que vienen de planos espirituales más elevados.

Las Fuerzas Oscuras encarnan en todas las razas y géneros. Para entender la profundidad y la amplitud de su poder, debemos elevar nuestro pensamiento por encima del concepto de nacionalidad o de nación-estado. No podemos pensar en términos de americanos contra suizos contra ingleses contra chinos o cualquier identidad nacional semejante, puesto que las Fuerzas Oscuras existen sin fidelidad a cualquier país. Para ellos, los límites nacionales son completamente arbitrarios, debido a que ven a las naciones como peones, útiles para poner a una en contra de otra para su beneficio. Aunque América se ha convertido en el país más deseable para promover su locura, no podemos decir que las Fuerzas Oscuras son americanas, aunque desafortunadamente América, en el presente, parece ser su principal herramienta, alborotador e incluso víctima.

Las Fuerzas Oscuras respetan la Ley Cósmica del Libre Albedrío con desdén, y con frecuencia utilizan la fuerza o la manipulación telepática para forzar o poseer a receptores débiles para que lleven a cabo su agenda. Esto justifica las periódicas oleadas de actividad criminal que encontramos en la tierra – un altercado de tiroteos en la escuela, una ola de robos de niños sin conexión aparente, asesinatos fortuitos, infanticidio por parte de madres no sospechosas, celos familiares irracionales y asesinatos y ataques terroristas - todo llevado a cabo por individuos débiles o inclinados al crimen que responden a emisiones malignas de las Fuerzas Oscuras del plano astral. La mayoría de estos perpetradores con frecuencia no pueden justificar por qué han cometido crímenes atroces, ya que en realidad estaban poseídos. Nuestros sistemas legales lo llaman "locura temporal".

Las Fuerzas Oscuras emplean a poderosos magos oscuros que son capaces de viajar astralmente, eso es, dejar el cuerpo y viajar a lugares fuera de su cuerpo. También han perfeccionado el uso del hipnotismo telequinético, el cual les da la capacidad de viajar astralmente a máquinas de cualquier tipo – autobuses, aviones, líneas de producción, misiles, satélites y otros – y hacer que funcionen mal. Esto justifica las oleadas de aviones estrellados que parecen suceder periódicamente en disputas durante un período dado.

Algunas de estas órdenes emitidas con frecuencia son tan poderosas, que aquellos que son débiles mentalmente, que están bajo estrés o que sufren de desequilibrio mental captan la señal. Aquellos pobres individuos, con frecuencia, inocentes y sin malicia premeditada, caminan dentro de estas ondas emitidas y son guiados a cometer crímenes que su naturaleza original nunca haría. Y cuando despiertan, con frecuencia no tienen ningún recuerdo de sus malévolas acciones.

De esta manera, las Fuerzas Oscuras representan una fuerza negativa que usa los medios mentales telepáticos para contrarrestar las impresiones positivas y de elevación mental de la Gran Hermandad de la Luz. Pueden parecer como personas intelectualmente avanzadas en el camino hacia mezquinos criminales callejeros. Su propuesta final para acumular dinero y controlar a la humanidad no tiene salida, es un virtual *callejón sin salida,* pero ¿qué puede esperarse de tales ignorantes? Tales objetivos simplistas y poco ilustrados, no obstante, han sido devastadores para la tierra en su presente etapa de evolución.

Creando Ovejas de entre la Humanidad

Pueden preguntar, ¿cómo es que las Fuerzas Oscuras han ganado tanto control en la tierra? Por designio, les contestamos.

Muchos de las Fuerzas Oscuras han elegido encarnar *en grupos* en este punto de la evolución de la tierra por la siguiente razón: este también es el período en el que las almas buenas e inocentes en la tierra han alcanzado una etapa en su evolución cósmica en la que deben decidir gobernarse a sí mismos o dejar que otros los gobiernen. Las Fuerzas Oscuras han tomado ventaja de este dilema para reunir a aquellos que todavía sienten la necesidad de ser gobernados como ovejas y que fácilmente entregan su soberanía y voluntariamente se permiten ser controlados. En estos últimos, las Fuerzas Oscuras han encontrado víctimas disponibles.

El Efecto de la Televisión

La televisión se convirtió en el maravilloso invento en los años de posguerra. Su presencia en la vida de la humanidad ha sido fenomenal, así que hay uno o múltiples aparatos en el hogar de casi todos. Incluso en los lugares más remotos de la tierra, uno puede ver a las personas reunidas alrededor de la televisión en un café, en la plaza central o en la casa de un vecino. Con la transmisión vía satélite cubriendo la tierra, ningún lugar puede estar sin televisión.

Desde nuestra perspectiva, nosotros vemos señales invisibles de estaciones emisoras de todo el mundo llegando a todos y cada uno de los grupos familiares cada segundo del día. No obstante, más allá de las inocentes señales que repiten "I Love Lucy", están las señales calibradas electrónicamente diseñadas para causar grados variantes de retardación, autismo, estupidez, hipnotismo y un general sentido de malestar en los billones que abarca la audiencia televisiva mundial. Es por esto que, con frecuencia, ustedes deben hacer un esfuerzo voluntario para alejarse de la televisión. Frecuentemente las personas bromean con estar "pegados" a la televisión. Una mejor manera de decirlo sería estar "hipnotizados" por sus televisores.

Apaguen su televisión. Cuelguen un cordel en frente de la pantalla. Enciendan la televisión de nuevo y observarán que el cordel se hará hacia adelante cuando los rayos del aparato entren al cuarto. Nuevamente, estas señales han sido calibradas para adormecerlos y serenarlos, y entre más horas ustedes y sus hijos pasen viendo la televisión, serán más susceptibles a sus efectos nocivos, entre los cuales están pronunciar la flacidez, la flojera y la incapacidad para pensar claramente.

Además de estas señales electrónicas, la *programación* televisiva satisface a los procesos de pensamiento emocional de la humanidad en lugar del racional, con frecuencia al nivel del común denominador más bajo. Los programas retratan personajes, con frecuencia hermosos y atractivos por fuera, pero que no tienen control de sus emociones. Observen estos programas objetivamente. Los que son populares están llenos de personas gritándose las unas a las otras. Alguien está perdiendo la calma. Alguien está haciendo trampa. Cada papel está violando la ley cósmica una y otra y otra vez. Desafortunadamente, estos son los programas que las personas encuentran más interesantes.

¿En dónde están los programas en los que un alma valiente es enfrentada a obstáculos aparentemente insuperables y que espiritualmente los vence? Vemos muy pocas victorias de este tipo, si es que las hay, retratadas en estos días. En cambio, se encuentran constantemente con personas involucradas en relaciones más intrincadas y complejas con alguien más, invariablemente violando la ley cósmica. Es como si alguien estuviera tratando de decir, "Esto es quienes son, esto es lo que son. Acéptenlo. Esta es su suerte. Son un montón de animales peleoneros y no serán nada más que eso", puesto que de acuerdo a la ley cósmica, en lo que fijan su atención es en lo que se convierten. Eventualmente el hombre se convierte en lo que piensa.

La televisión también es usada para distraer la atención pública de conductas atroces. Hace unos cuantos años el mundo se aferró a la televisión, la cual transmitió el juicio de un individuo de nombre O.J. Simpson. Por meses observaron y escucharon las detalladas explicaciones del Sr. Simpson y si él había matado o no a su esposa. ¿Es interesante? ¿Qué más pudo haber estado ocurriendo mientras las personas eran distraídas? En los EE.UU., una ausente asistente del Congreso, que tuvo una aventura con un Congresista de los EE.UU., fascinó al público americano en los días encaminados hacia el ataque en el World Trade Center en Nueva York.

La mayoría de la humanidad, pegada a sus televisiones, en efecto ha cedido a fuerzas exteriores el derecho Divino de pensar, crear y experimentar. Los efectos nocivos de las señales electrónicas bien calibradas que llegan a los cuartos de casi cada familia en el mundo y la programación humanamente humillante tienen tal efecto aletargado sobre la humanidad, que las Fuerzas Oscuras son capaces de influir en el público de una manera u otra, de marcarles el paso hacia la guerra, de reunirlos para sus propias ejecuciones y de tomar su dinero duramente ganado en frente de sus narices.

Las Fuerzas Oscuras Entre Nosotros

Escuchen lo que sus líderes de negocios y gobierno dicen y disciernan lo que realmente está pasando. Aquí, las palabras de sabiduría: "Por sus frutos los conoceréis" que nos dejó el Maestro Jesús aplican muy patéticamente.

Algunos de ustedes sirviendo a la vanguardia de la Hermandad pueden verse en la desafortunada situación de estar en presencia de tales seres. Notarán la marcada ausencia de cualquier cosa que remotamente podría ser llamada emoción, sentimiento y ciertamente amor humano. Como robots, no tienen almas, debido a que son simplemente unidades de energía programadas para controlar este planeta en la forma humana. No son completamente humanos como lo definirían ustedes. Uno podría decir que poseen el mismo pensamiento fijo de un asesino en serie, quien no piensa en otra cosa más que en matar a una, dos, tres, cuatro, cinco, seis hasta cincuenta o más personas y continuaría haciendo lo mismo, a menos que se le detuviera. Como líderes de cualquier poder, en resumidas cuentas ellos pueden ordenar la matanza de cientos o miles de individuos sin acobardarse.

¿Qué tipo de ser puede hacer esto? Ciertamente no del tipo de ser humano con el que ustedes se asociarían voluntariamente, debido a que su mente consciente, el así llamado estado de la mente de trabajo diario, está separada de la mente súper consciente o el Ser Elevado. Entonces, por definición este ser está demente.

¿En dónde operan estos seres? En los siguientes dos capítulos, cubriremos más detalladamente los dos mundos que ocupan las Fuerzas Oscuras – el de la acumulación de dinero y el del belicismo. Estas dos actividades hoy en día son tan penetrantes que sus ejecutores existen virtualmente en todos los sectores, en todos los niveles de la sociedad y en todos los países.

Todos los días en los periódicos leemos sobre individuos violentos, perpetradores de violencia, ladrones, desfalcadores y otros. Estos son los notables que sazonan nuestra sociedad con su mala conducta y que, al mismo tiempo, distraen nuestra atención de los enormes crímenes en contra de la humanidad que están siendo perpetrados por aquellos que permanecen inadvertidos, escondidos detrás de un grueso velo de secreto y que, desconocidos e imperceptibles para la gente común, mueven los capitales financieros del mundo. Ellos se reúnen en los grandes salones de Ginebra para conspirar y planear guerras para obtener ganancias y concebir esquemas para quitarle el dinero a la gente, como si fuera un juego.

No pertenecen a un país, nacionalidad o raza en particular. De hecho, ven los límites nacionales como obstáculos insignificantes que fácilmente pueden superar a través de la llegada de transferencias electrónicas de dinero y de un complejo vínculo de contactos multi-nivel. Ellos pueblan una red internacional de instituciones bancarias y financieras, de altos rangos gubernamentales, de la milicia, del complejo militar industrial y de los servicios diplomáticos. Se mueven en círculos que promueven mejor su existencia fluida y móvil, atravesando las fronteras sin ser anunciados y transfiriendo enormes sumas de dinero a lugares no revelados.

Estos controladores ocultos de los sistemas financieros de este planeta también tienen sus contrapartes: los promotores de la virtud de la pobreza. Muchos grupos predican el rechazo del dinero y la virtud de lo pobre. Algunos convencen a sus seguidores, como a muchas ovejas, para entregar todas sus pertenencias mundanas a favor de un movimiento religioso, algo más que una cómoda vida para ellos mismos.

Ellos ocupan altas oficinas en las jerarquías de iglesias tradicionales. Muchos líderes de sectas son de tal especie. Parodian las cubiertas externas religiosas y santurronas para engañar al espectador y que piense que ciertamente son almas del bien y de tipo angelical. Pero también notarán que, con frecuencia, son ilógicos cuando hablan del bien porque no pueden pensar en eso de manera muy profunda.

En el negocio de creación de guerra, las Fuerzas Oscuras administran, a distancia, compañías de la industria de construcción de armamento y de los así llamados contratistas de defensa, nunca exponiéndose ellos mismos al escrutinio administrando directamente tales compañías.

Curiosamente, sus actividades bélicas también

tienen una contraparte y esa es el movimiento de paz. Actualmente, esto se ha manifestado como los movimientos Pan-Anti. Aunque muchas almas buenas e inocentes pertenecen a estos movimientos, muchos de los líderes activos pueden llamarse agentes de las Fuerzas Oscuras, debido a que promueven la división y arrojan odio en contra de los símbolos o íconos del belicismo, quienes no necesariamente son los verdaderos perpetradores de la guerra. Con frecuencia, esto se hace para desviar la atención del público de los verdaderos perpetradores y hacer de estos movimientos una farsa. Por ejemplo, los movimientos de paz con frecuencia queman imagines de los líderes que ellos creen que promueven la guerra, mientras que sus objetivos no son otra cosa que marionetas de los planificadores y autores de la guerra.

La profesión médica también ha estado bajo la influencia de las Fuerzas Oscuras. En lugar de sanadores, ahora tenemos a aquellos que simplemente buscan hacer mucho dinero. Esto justifica el exorbitantemente alto precio por los servicios y seguros médicos en los Estados Unidos y la falta de cualquier servicio nacional de salud para los ciudadanos americanos.

También hay una población completa de grupos que presionan. Muchos pronuncian las virtudes de los servicios y de los movimientos, los cuales sabotean silenciosamente. A veces los defensores más ruidosos de los movimientos de paz y anti-globalización son esencialmente divisivos y promueven el síndrome "nosotros-ellos" y soluciones intransigentes. El movimiento ambiental se ha convertido en víctima. Lo bueno que podía salir de tal movimiento está atado a la burocracia reguladora, para que la pronuncien inefectiva.

También están aquellos que pronuncian verdades de los movimientos ocultos. Ellos pretenden representar a este y a ese Maestro, usando a psíquicos inocentes para dar a conocer sus versiones torcidas y distorsionadas de la verdad. Con frecuencia, su poca profundidad es revelada cuando cantan mantras pero no muestran un entendimiento profundo. Están desconectados de sus almas, son autómatas programados para actuar en nombre del bien.

Con frecuencia, los encarnados de las Fuerzas Oscuras son altamente inteligentes o físicamente atractivos, exudando cierto material magnético o carisma que les permite atraer personas. Ellos pueden crear un aura de ilusión a su alrededor, muy parecida a una telaraña, para que en su presencia, se vean a ustedes mismos en un estado semi-hipnótico haciendo cosas en contra de su voluntad.

Ellos han tenido acceso a los altos rangos de las organizaciones mundiales o se han sentado en los consejos directivos como el poder detrás del trono. Como lo mencionamos anteriormente, ellos habitan en los sistemas mundiales financieros y bancarios, en las bolsas o mercados de valores, en las agencias gubernamentales de recaudación de impuestos, en las industrias corporativas (las públicas de enormes dimensiones y difíciles de analizar por naturaleza) y básicamente en cualquier organización que obtenga dinero a través de contribuciones tales como partidos políticos, organizaciones de caridad y religiosas.

Los clérigos de las órdenes religiosas Musulmanas que defienden las Guerras Santas todavía no están conscientes de su conexión con las Fuerzas Oscuras, han sido puestos ahí como receptores de estas órdenes telepáticas. Su posición en las jerarquías religiosas terrestres les ofrece mucho poder e influencia y son capaces de presionar los botones de odio a voluntad, justificando sus acciones con la Sagrada Escritura. Cuando las órdenes hipnotizantes son enviadas o dirigidas a ellos, con frecuencia reaccionan como si hubieran tenido una visión religiosa, una que justifique adicionalmente la rectitud de sus atroces acciones.

Los líderes de las supuestamente libres Democracias Occidentales, quienes ganan sus posiciones oficiales a través de elección o nombramiento, también son susceptibles a las influencias de las Fuerzas Oscuras. No sería justo decir que todos aquellos que han sido electos son agentes de las Fuerzas Oscuras, aunque hay mucha gente común que recibe consejos de ellos en los cuartos traseros del poder. Raramente se encuentran a un miembro de las Fuerzas Oscuras como una figura política bastante pública expuesta al escrutinio público en una elección. Lo que probablemente verán es la marioneta política que responde a las anónimas influencias tras bambalinas.

Las elecciones son los campos de juego de las Fuerzas Oscuras. Un candidato electoral, quien desea la posición a un alto grado, es fácilmente comprometido y con frecuencia "vende su alma al diablo". Entre más estrechos sean los resultados de las elecciones preliminares, más vulnerable será el candidato a las influencias que lleguen en el último minuto para garantizarle la elección. Todas las elecciones son observadas de cerca en los salones de las Fuerzas Oscuras.

Las Fuerzas Oscuras han estado aquí en el planeta

por generaciones y sienten que las fuerzas de la luz están a punto de interrumpir sus actividades lucrativas. Aunque no parezca así, están "en fuga". Como malhechores en fuga que violan y saquean antes de la derrota, las Fuerzas Oscuras están dedicándose a matar durante estos días y años finales.

Afortunadamente, la ley cósmica no les permitirá este destino. Su reino en la tierra está destinado a terminar, y gracias a los ciclos cósmicos, un nuevo gran despertar a nivel de la población rural, del cual ustedes, los lectores, son parte, finalmente hará que las personas comiencen a cuestionarse las cosas. Y así como los campesinos franceses en la Revolución Francesa, asaltarán la Bastilla y gritarán, "¡Suficiente, suficiente! ¡Sus líderes, fuera!".

CAPÍTULO 4

Control de la Nación-Estado

En la era posterior a la Segunda Guerra Mundial, el mundo estaba dividido en tres zonas principales: 1) el llamado mundo libre, 2) el bloque comunista, y 3) el tercer mundo de las naciones no alineadas. En cada una de las tres zonas, las Fuerzas Oscuras adoptaron métodos diferentes para portar su legado Atlante de acumulación de dinero y belicismo. En el bloque soviético, la dictadura del partido Leninista/Stalinista creó burocracias gubernamentales que monopolizaron todos los sectores de las economías en el Báltico, en Europa del Este, en los Balcanes, Asia Central y en los estados satélite de Asia del Este. El Partido Comunista vació dinero y recursos de sus poblaciones y gastó enormes sumas de dinero en sus respectivas milicias. Estas dictaduras de partido fueron los ejemplos más sombríos de la reencarnación del modelo Atlante de acumulación de dinero y belicismo.

En el mundo no alineado, también hubo ilustres ejemplos de la autoridad Atlante que exacerbaron las ya empobrecidas condiciones de la posguerra. En su mayoría, estas naciones del tercer mundo adoptaron modelos de "república" Socialista menos centralizados que tendían a empobrecer a sus naciones a través de los voraces apetitos de sus burocracias y dieron origen a líderes poderosos, con frecuencia militares, que estaban rodeados por una clase favorecida de negocios aduladores y miembros de familias extensas. De nuevo, la riqueza fue concentrada en las manos de las clases favorecidas, mientras el gobierno gastaba mucho en la armada (lo opuesto para sus marinos y su fuerza aérea) debido a que el ejército podía ser utilizado para oprimir a la gente y hacer que sus países vecinos inmediatos tomaran parte en la guerra. Entonces en el tercer mundo, se siguieron practicando los mismos temas Atlantes: la concentración de dinero en manos de unos cuantos y el belicismo. En el así llamado mundo libre de las democracias occidentales, los temas Atlantes también han sido practicados en formas más sutiles. La famosa carrera de armas con el Bloque Comunista resultó en enormes gastos militares y en muchas guerras como: la coreana, la nicaragüense, la libanesa, la israelí-palestina, la cubana, la vietnamita y las conflagraciones iraquíes, por nombrar algunas.

Los países occidentales escandalosamente promovieron el libre comercio sobre sus términos, con frecuencia violando ellos mismos estos principios cuando era conveniente. A través de los acuerdos de comercio y del control del sistema financiero internacional que regían los términos de comercio, hicieron que la mayoría de los países no alineados y una muy limitada extensión del bloque comunista tomaran parte en el comercio. Las naciones occidentales sin virtual competencia de una gran porción del globo, el Bloque Soviético y China, comerciaron libremente con el resto del mundo. El resultado fue una masiva acumulación de riqueza en las democracias occidentales y una modernización tecnológica sin precedentes de la sociedad occidental, principalmente en lo material.

Trabajando en naciones democráticas contrariamente a las formas dictatoriales más obvias en los mundos comunistas y no alineados, las Fuerzas Oscuras tuvieron que diseñar métodos más sutiles para poner esta riqueza masiva en sus manos. En este y en capítulos siguientes, describiremos cómo las Fuerzas Oscuras fueron capaces de diseñar la transferencia más grande de dinero en toda la historia de la humanidad a través del control de los sistemas nacionales de impuestos, de las deudas nacionales y de las bolsas de valores.

Muchos dirán, "Mi vida es tan simple. ¿Por qué las Fuerzas Oscuras se molestarían en fijarse en mí?" Entonces está el viejo dicho, "Las únicas dos cosas seguras en la vida son los impuestos y la muerte". Si ustedes pagan cualquier tipo de impuesto, son tocados por las Fuerzas Oscuras.

Las Fuerzas Oscuras traen su sofisticada habilidad para atraer y acumular enormes sumas de dinero de sus días en la Atlántida. Su estrategia general es acumular la mayor parte de la riqueza del mundo en su monopolio, después utilizan este poder financiero para controlar a la humanidad. Las fuentes obvias de acumulación de dinero son los gobiernos nacionales, las cuales por orden tienen la habilidad de tomar el dinero de sus ciudadanos bajo la amenaza de la fuerza.

El Atraco al Ingreso de Impuesto

Los gobiernos, hoy en día, como los señores feudales de antaño tienen el derecho de cobrar impuestos o, más directamente, forzar a sus ciudadanos a pagarlos. Un ciudadano paga impuestos aparentemente para que haya justicia y orden en la sociedad, para construir y mantener las infraestructuras de las comunicaciones y el transporte, para regular los servicios utilitarios tales como el correo, el transporte aéreo, para defender a su sociedad de incursiones externas y pagan una multitud de otros gastos en los que incurre el gobierno. Algunas acciones de gobierno no se preguntan por el bien común de sus ciudadanos, no obstante algunas son altamente cuestionables. Sin embargo, la mayoría de los ciudadanos nunca cuestionan la validez de los siempre crecientes impuestos y los pagan voluntariamente como un deber cívico.

Los gobiernos en todos los niveles de la sociedad imponen impuestos a cada aspecto de la vida para apoyar a su siempre creciente demanda de ingreso. Por ejemplo, los impuestos arancelarios en la gasolina, en los cigarros, en el alcohol, en los bienes lujosos, en los viajes, en las escuelas, en el agua, en la calefacción, en la seguridad de aeropuerto, en la seguridad fronteriza, en los costos de los puertos, en las aduanas, en los impuestos a las ventas, en los impuestos adicionales a los impuestos, en el IVA, en el viaje aéreo, en la comida que comen en los restaurantes – en otras palabras, en todo lo que ustedes pagan para sobrevivir. Incluso los jubilados, los enfermos y débiles, los inválidos y discapacitados deben pagar impuestos en las remuneraciones para sus sustentos. De hecho, los gobiernos extraen clandestinamente tanto efectivo de la población que el ciudadano promedio debe pedir prestado dinero para poder mantenerse. Agencias privadas de préstamos amplían crédito en forma de préstamos personales y justos, tarjetas de crédito y débito al consumidor que no causa deuda al cansado contribuyente con alguna organización externa. ¡Incluso le prestarán dinero al ciudadano a fin de que pueda pagar impuestos sobre los ingresos anualmente!

En los Estados Unidos, en donde los impuestos son constitucionalmente acordados como voluntarios, la agencia encargada de la recolección de los ingresos por impuestos, el Servicio de Renta Interno (IRS), fue creado sin ningún mandato legal. Pero actualmente, operando en un muy cuestionable mandato, recolecta trillones de dólares en impuestos con la ayuda de los dirigentes de la policía armada, quienes meterán a la cárcel a los ciudadanos que no paguen. El tenebroso estado legal del IRS mantiene a sus actividades fuera del alcance de la ley. No obstante, promulga los decretos y las regulaciones bajo el uso de la fuerza. La investigación adicional de las funciones de recolección de impuestos en otros países deberá revelar arreglos similares.

Si el servicio de recolección de impuestos en el país es o no legal es una cosa, pero todas estas agencias comparten una característica común: son inviolables y nunca reciben auditoria. En otras palabras, los ciudadanos que pagan impuestos nunca saben la cantidad exacta que recaban sus agencias de impuestos. El hecho de que enormes sumas de dinero sean apropiadas para actividades secretas bajo el pretexto de seguridad nacional, pero que no aparecen en el presupuesto nacional o nunca son reportadas públicamente, solamente muestra la punta del iceberg de esta cruda situación.

Cada ciudadano del mundo debería preguntarse: **¿Cuántos impuestos en realidad está recabando mi país?**

Para confundir al contribuyente y oscurecer esta situación, regulaciones de impuestos complejas hacen virtualmente imposible para cualquier organización protectora privada calcular la cantidad que el gobierno recibe en impuestos. "Cada regla tiene una excepción. Consideramos a cada contribuyente sobre una base caso por caso", dirá el servicio de impuestos. Es por esto que cualquier esfuerzo por simplificar el código de impuestos y adoptar una tasa de impuesto universal para todos tropieza con tal oposición. Un impuesto justo facilitaría a los ciudadanos entender cuánto dinero está recabando el sistema de impuestos en realidad.

Las agencias de recolección de impuestos a nivel mundial son colocadas no sólo para recabar billones de los ciudadanos, sino también trillones de dólares cada año. Y para ayudarlos más, ¡el Banco Mundial recientemente ha fundado un proyecto de un billón de dólares para impulsar la eficiencia de los sistemas recaudadores de impuestos en países en desarrollo! No importa cuán efectivos se vuelvan estos servicios de recaudación de impuestos, nunca justifican ante nadie las cantidades que recaudan.

Los agentes de las Fuerzas Oscuras primero

examinan lo que quieren sacar y después el servicio de recaudación de impuestos publica sus cifras. Nunca hay un tercer partido independiente para verificación.

Pero una cosa es cierta, desde nuestra perspectiva: las Fuerzas Oscuras primero engordan sus propios bolsillos a expensas de la ciudadanía del país. Por ejemplo, los EE.UU., supuestamente la nación más rica y ponderosa del mundo, aún tiene que crear un sistema nacional viable de cuidado de la salud para sus ciudadanos. No obstante, gasta billones en la milicia y en programas espaciales y mucho más en actividades secretas.

El público en general debe despertar y cuestionar todos los impuestos. Ya hay disidentes que se levantan en contra de estas injusticias pero comparados con la vasta mayoría de las personas, que siguen adelante como ovejas guiadas al matadero, solamente son una muy pequeña minoría. Cada uno de nosotros mentalmente deberíamos alzar la voz cada vez que la caja registradora en la tienda añade un impuesto a las ventas o un TVA y preguntarnos, "¡Espera un minuto! ¿A dónde va a ir este dinero? ¿Por qué deberíamos pagarlo?" Esta resistencia mental invoca energía de las dimensiones espirituales que sueltan el fuerte agarre que los impuestos ahora tienen sobre el mundo.

Los individuos deberían preguntar a sus representantes del gobierno si saben la cantidad exacta de impuestos que recaba su gobierno. Pero no se sorprendan si se encuentran con un rostro en blanco. ¿Alguna vez alguien ha pensado en hacer esta pregunta? Además, pregúntenles si alguna vez un auditor independiente, externo al gobierno, ha hecho una auditoria a la agencia de recaudación de impuestos.

No tienen que portar carteles y manifestarse en frente de sus agencias de recaudación de impuestos. Simplemente haciendo estas preguntas pertinentes se hace un inmensurable bien para soltar el agarre que las Fuerzas Oscuras tienen en el suministro mundial monetario. Invoca no solamente el poder de su Ser Elevado, sino los recursos de la Hermandad para corregir esta situación en otra dimensión, ya que una vez hecho esto, la solución se manifiesta aquí en el plano terrestre. Sus preguntas e investigaciones causarán un efecto de bola de nieve al traer esta triste situación a la superficie.

Burocracia: Enfoque de los Impuestos

Nadie se atreve a someter a <u>ninguna</u> burocracia en el mundo a un serio análisis de costo/beneficio, ya que la de antemano conocida conclusión sería que el costo de mantenerlas excede cualquier beneficio derivado de las mismas. Todos sabemos en lo más profundo que las burocracias gubernamentales gastan dinero, pero cuando se nos enfrenta con la oportunidad de cuestionar estas monstruosidades, generalmente nos hacemos a un lado y tratamos de no pensar en eso. Mientras tanto, nuestros impuestos crecen como las burocracias. Los economistas y analistas financieros solamente tiran todo y llaman al agobio de mantener las burocracias gubernamentales un "costo hundido" o algo que debemos tolerar.

Esto es comprensible, debido a que estos inventos son como aplanadoras que no pueden ser detenidas. Están diseñadas para: 1) concentrar enormes sumas de dinero en un lugar y 2) gastar enormes sumas de dinero sin producirlo ellos mismos. Sirven como embudos de dirección única a través de los cuales pasa el dinero y proporciona la única excusa para la tributación, ya que sin ellos nadie podría justificar la tributación sistemática y forzada que se extiende por todo nuestro planeta.

Una organización burocrática gubernamental toca de alguna forma u otra a cada persona. Sus tentáculos llegan al bolsillo de cada persona, las 24 horas al día, para satisfacer su insaciable apetito por el dinero. Hay un impuesto en todo lo que ustedes consumen, incluso en el aire que respiran y el agua que beben. Año tras año, raramente disminuye el presupuesto operante de una burocracia. Aunque a veces puede permanecer en el mismo nivel, al final, mientras la atención del público es desviada, estos presupuestos siempre incrementan.

Entonces por naturaleza, una organización burocrática es parasitaria, debido a que no puede producir nada más que papel y regulaciones. Algunas crean licencias, permisos, tarjetas de identificación, certificados y otras cosas para generar más efectivo además del presupuesto de impuestos asignado. Algunas incluso tienen servicios Express establecidos, a fin de poder hacer un cargo adicional por sus servicios, muy parecido a los pagos bajo la mesa que toman los burócratas en algunos países "para facilitar" los asuntos poniendo una cerca a las barreras que ellos mismos han creado.

Puesto que operan bajo una capacidad oficial, las agencias de gobierno pueden apropiarse de los noticieros. Los oficiales de gobierno constantemente se elogian a sí mismos con discursos halagadores para justificar los servicios que sus agencias particulares están prestando al público. Constantemente deben recordar a la gente cuánto bien están haciéndoles.

En el nivel de población rural, los pequeños servicios del gobierno local son vitales para mantener un cierto orden en la sociedad. En el nivel nacional, sin embargo, sus justificaciones son altamente cuestionables, puesto que es solamente en estos niveles superiores – jurisdicción o estado, nacional e internacional – que existen las formas más caras y sólidamente institucionalizadas de la burocracia, ya que están más alejadas del escrutinio público. Los ciudadanos pueden mantener un ojo de halcón en sus trabajadores del gobierno local, pero están indefensos para examinar a fondo a las burocracias a niveles estatal, jurisdiccional, nacional e internacional.

En todas las cuestiones que actualmente enfrenta la humanidad, el propósito burocrático inyecta una parálisis general en el proceso de tomas de decisión a fin de que su propia preservación siempre sea considerada por encima de todas las cuestiones sobre la mesa. La mayoría de las instituciones burocráticas comienzan con altos ideales y un cierto vigor y optimismo. Gradualmente, el auto interés de las organizaciones avanza lentamente. Los salarios, los beneficios médicos, las jubilaciones, las gratificaciones de viaje y educación se convierten en su preocupación primordial. El bajo riesgo y la preservación de sus trabajos distorsiona el pensamiento del burócrata, y raramente uno encuentra que alguien es lo suficientemente valiente para apostar su posición en principio. Jerárquicamente es confuso, una completa distorsión de la idea original.

El público constantemente se queja de "los burócratas", de su costo, de su ineficiencia y de su crecimiento, no obstante las burocracias siguen dominando nuestras vidas y creciendo a pesar del daño que están haciéndole a la ciudadanía mundial. ¿Por qué pasa esto? La respuesta es simple: las organizaciones *no* fueron creadas para servir a la humanidad; fueron establecidas para servir a los intereses de las Fuerzas Oscuras.

Burocratización del Mundo

Los años posteriores a la Segunda Guerra Mundial vivieron un crecimiento exponencial de las organizaciones burocráticas. Esos gigantes, China y Rusia, que se volvieron al Comunismo, crearon masivas estructuras gubernamentales totalitarias y servicios de estado que, literalmente, controlaban todas las actividades del país y cada aspecto de la vida del hombre común. La expansión del Comunismo en Europa del Este, en los Balcanes, en los Estados Bálticos, en Corea del Norte, en el norte de Vietnam y en Cuba resultó en burocracias masivas incluso para los países más pequeños.

Sumados a esta tendencia estaban los movimientos democráticos socialistas en Europa que crearon más servicios sociales y de salud, paraestatales del gobierno, empresas semi-públicas y nuevas capas de burocracia sobre las tradicionales en una propuesta para mezclar el capitalismo y el socialismo. El resultado fue el desarrollo de gobiernos burocráticos incluso más grandes ocupados en gobernar así como también de negocios y comercios.

Durante 1950 y 1960, los Frentes de Liberación Nacional pelearon para liberar a Gran Bretaña, a Francia, a España, a Holanda y a las colonias portuguesas de sus amos coloniales metropolitanos y crearon una multitud de nuevos países en Asia, en el Sur de Asia y en África. Estos países, llenos de la ideología Leninista anti-imperialista, tendían a adoptar grandes burocracias gubernamentales de acuerdo a los modelos socialista o comunista. Ponderosas burocracias crecieron de países apenas capaces de alimentar a sus propias poblaciones.

En los países del llamado mundo libre, las burocracias federales, estatales, jurisdiccionales y locales crecieron a una velocidad sin precedentes. En el nivel nacional, la Guerra Fría incrementó la necesidad de mantener grandes establecimientos militares, mientras los ciudadanos demandaban más intervención normativa del gobierno en cada aspecto de la vida. Los tan ligeros gobiernos de no-intervención usaron más y más las pesadas burocracias del resto del mundo.

Como si estos incómodos gobiernos nacionales no fueran suficientes, la euforia de la posguerra dio origen a un nuevo idealismo que logró una nueva era de paz mundial. Las naciones cansadas de la guerra formaron el sistema de las Naciones Unidas, un nexo supranacional de agencias normativas políticas, sociales, culturales, agricultoras, bancarias, de inversiones, financieras y técnicas que pretendían cubrir al mundo con más burocracia redundante.

Para empeorar las cosas, cada región estableció organizaciones regionales supranacionales tales como la Organización de Estados Americanos, la Organización de los Estados Africanos, la Asociación de Naciones Asiáticas del Sureste (ASEAN), la Comunidad Europea, etc., las cuales añadieron todavía otra capa de burocracia internacional regional. Los ciudadanos europeos, ya gimiendo bajo el peso de sus voraces burocracias gubernamentales nacionales, han creado todavía otra capa en la Unión Europea. Y la OTAN, vacía de su Bloque anti-Soviético, ha sobrevivido invitando a nuevos miembros, algunos de ellos creadores de los países del Bloque Soviético, para unirse en una organización de defensa incluso más grande, más costosa.

Además de estas burocracias "oficiales" gubernamentales, organizaciones caritativas de pretendida buena voluntad comenzaron a brotar en todos lados. Las organizaciones eclesiásticas católica romana, anglicana, episcopal y bautista expandieron sus servicios en todo el mundo. Estas organizaciones religiosas, sin fines de lucro y caritativas acumularon incalculables cantidades de dinero, todas afirmando distribuir una porción a los pobres y necesitados. Algunas de ellas se extienden alrededor del mundo y pueden, en algunos casos, ser más grandes que algunos gobiernos nacionales. La asociación internacional para organizaciones del mundo sin fines lucrativos enumera a más de veinte mil de estas agencias.

La mayoría de las organizaciones burocráticas fueron fundadas sobre ciertos principios o ideales. No obstante, una vez establecidas, las Fuerzas Oscuras se infiltran en ellas y sabotean cualquier idealismo inicial que pudiera haber existido. La Organización de las Naciones Unidas probablemente es el mejor ejemplo. El resultado ha sido neutralizar a estos organismos, haciéndolas infladas, inútiles e inefectivas, mientras agotan los recursos mundiales de un mundo hambriento.

Malicia en Enormes Burocracias

La mayoría de las organizaciones consisten de tres niveles de empleados. La cima de administradores y líderes es donde operan las Fuerzas Oscuras. Con frecuencia ambiciosas, no obstante posando como administradores para el bien común, ellas canalizan los impuestos para apoyar el mantenimiento en curso de la burocracia y subordinadamente, los programas de la burocracia. Viven una fina vida con choferes en los autos, aviones privados y mansiones y disfrutan de todos los accesorios de vestimenta de los ricos y los privilegiados. Su estatus y su firma les permiten mover trillones de dólares alrededor del mundo para varios propósitos.

La segunda línea de burócratas consiste de individuos relativamente idealistas que proporcionan la columna vertebral a las organizaciones. Expertos en sus respectivos campos con intenciones de buenas a nobles, al menos al principio, aprenden que sus ideales no tienen lugar en la burocracia y su creciente cinismo se convierte en una amenaza para los que están en la cima. Para calmarlos, la administración de la cima les garantiza un salario fijo, trabajo seguro como nadie en el mundo, antigüedad y beneficios de jubilación de por vida. Unos cuantos en este segundo nivel, entregarían esta seguridad para ejercer sus ideales.

La última línea consiste del personal de apoyo y el administrativo. Son los prescindibles, especialmente durante las bajas en la economía. En este nivel, la burocracia se expande y se contrae, dejando a los otros niveles relativamente intactos; no obstante, a pesar de esta muestra de contracción de vez en cuando, la burocracia global continúa incrementando, especialmente durante las crisis y la guerra.

Es en la cima en donde observamos a las Fuerzas Oscuras trabajando en sus avances. Hablan el mismo idioma y adoptan las mismas metas adecuadas que el resto de sus colegas de la burocracia. Ambiciosas y hambrientas de poder, trepan a la cima y pisan a quienquiera que se ponga en su camino. Invariablemente alcanzan la cima. También es en este nivel, en el que se lleva a cabo el movimiento secreto de los fondos de la recaudación de impuestos, debido a que este es el principal propósito subyacente de estas burocracias. Los departamentos, ministerios o agencias a cargo de la política extranjera, de la inteligencia internacional, del servicio diplomático, de la ayuda extranjera, se relacionan con las organizaciones internacionales, todas subsidiarias de la milicia y el comercio internacional de bienes agrícolas disfruta de una libertad de movimiento a través de los límites no otorgada al ciudadano ordinario. En cada gobierno del mundo existen agencias de contraparte, a fin de que siempre haya un punto de contacto listo. Los acuerdos sobre inmunidad diplomática permiten demasiada confidencialidad – presupuestos secretos, proyectos y movimientos de fondos – que el público nunca ve.

Mientras los fondos se mueven secretamente a través de estos canales "oficiales", el trabajo de las dos líneas más bajas sirve como "fachada" de la organización burocrática mostrada al público. Cuando el público exige los servicios que supuestamente proporcionan, el burócrata con frecuencia elige no hacer nada o gastar la menor cantidad de energía ya sea para bloquear u obstruir los asuntos. Enlodados en las regulaciones y procedimientos internos y *auto impuestos*, pocos tienen la energía o el deseo de superar todos los obstáculos para servir al público.

Como los decretos burocráticos internos acuerdan más y más privilegios, el cómodo burócrata busca más y más preservar lo que tiene. *La supervivencia de la burocracia, por lo tanto, se convierte en su meta principal.* Los salarios, los beneficios confinados y los paquetes de retiro toman una importancia más grande para el público, que cualquier meta de servicio noble. Durante una severa depresión en la economía, los trabajadores del gobierno en un estado de los EE.UU. demandaron un aumento de sueldo a pesar de la dificultad que causaría a los ciudadanos del estado. Y durante estos tiempos de agitación encaminados hacia el año 2012, más y más trabajadores del sector público intentarán demandar sueldos más elevados a pesar de la dificultad económica que padecen los pobladores a los que se supone sirven.

Para llevar a cabo sus actos clandestinos, es muy común que los que están en la cima, sin ambages ni rodeos, le quiten las dos capas más bajas de la burocracia cualquier información relevante, creando, por consiguiente, dos organismos separados dentro de la misma burocracia. Los burócratas que están en la cima adquieren las mejores mansiones del gobierno, viajan en caros automóviles, realizan seminarios en hoteles y clubes de campo caros y viajan al extranjero en jets privados, todo en nombre del servicio a la gente. Actualmente, los asuntos de estado están entre los más derrochadores en el mundo. Incluso en algunos de los países menos desarrollados del mundo, el caviar y el licor fluye entre los lujosos, mientras que sus empobrecidos pobladores miran a través de los jardines observando el espectáculo de riqueza ante sus ojos.

Prioridades Mal Dirigidas

Aparte de los gastos clandestinos que hacen las burocracias más allá del escrutinio público, deben decidir cómo gastarán los gobiernos los impuestos recaudados. Incluso si sus decisiones portan el sello del Congreso o del Parlamento, no quiere decir que reflejen la voluntad de la gente. Es irónico que el único superpoder que surgiera de la Guerra Fría se sentiría más amenazado por el terrorismo. Los trillones gastados en investigación, construcción y mantenimiento de una superestructura militar de alta tecnología, mientras millones de habitantes del planeta viven al margen de la inanición, desafían la lógica común.

Hoy en día, otros regímenes en la tierra mantienen a la gente en un estado de mayor miseria a fin de que sean tan débiles para resistirse, esto es, controlan a la gente privándolos de lo que el dinero podría comprar – comida, medicinas, ropa, vivienda, agua fresca – para satisfacer sus necesidades básicas. También tenemos continentes enteros de seres humanos muriendo por enfermedad e inanición, mientras que países asignan billones de dólares a sus programas espaciales para traer rocas de otros planetas.

No obstante, consideramos que estas prioridades vienen de las raíces Atlantes, podemos entender que estos gastos prioritarios no son para servir a la humanidad, sino más bien a las Fuerzas Oscuras.

Innovación Burocrática: Un Instrumento Oscuro

En los países en desarrollo, en donde el gobierno central juega el papel fuerte en los dominios económico, social y político, tenemos lúgubres ejemplos de cómo la burocracia literalmente puede quitar a países enteros sus recursos y reducirlos a vasallos de naciones más poderosas. Un país cuyas estructuras democráticas dependen de ayuda exterior de otro no puede hacer otra cosa más que el ofrecimiento del más fuerte.

Los actuales países en desarrollo, con apenas

Control de la Nación-Estado

suficientes recursos para sobrevivir, han creado monstruos burocráticos para empobrecer a sus ciudadanos hasta el punto en que incluso la recaudación de impuestos a punta de pistola reditúa muy poco. En una época, estos territorios producían suficiente comida para sus pobladores. Ahora, muchos existen principalmente de donaciones de las naciones desarrolladas en forma de ayuda exterior y de equilibrio de pago de préstamos.

Una posición en la burocracia gubernamental claramente es un pasaporte a la riqueza. Los ministros de gobierno transfieren en secreto lo que queda de la riqueza de su país o de las "donaciones" de la ayuda exterior a cuentas privadas en Suiza, mientras que sus empobrecidos compatriotas hablan con miedo de tal audacia y desean lo mismo. ¿No es curioso que algunos de los individuos más ricos del mundo vengan de algunas de las naciones más pobres de la tierra? Mientras ellos viven en sus palacios, su gente lucha por encontrar suficiente comida para el día.

Algunos países han sido reducidos hasta el punto en el que incluso no se les paga a los burócratas. Incluso entonces, los burócratas retienen ciertos poderes a fin de que sus ciudadanos asociados les den donaciones por debajo de la mesa para beneficiarse ellos mismos de ciertos servicios gubernamentales. Las largas líneas vistas a través del mundo de los pobres, intentando recibir algunos servicios básicos de sus agencias sociales de gobierno, son un retrato conmovedor de la completa desatención que estas burocracias tienen por el bienestar de la gente a la que deberían servir. La arrogancia del próspero burócrata, mientras tira obstáculo tras obstáculo ante el hombre común buscando alivio, retrata un cuadro aún más patético de que estas organizaciones no son más que estructuras foráneas que tienen la intención de TOMAR en lugar de DAR.

Visto desde una perspectiva más elevada, las burocracias no responden a las plegarias de los necesitados, sino al poder y al dinero en forma de *propinas, gratificaciones, corrupción, miedo o pagos por debajo de la mesa*. Son instrumentos que alejan al dinero de problemas reales que enfrenta el mundo, tales como el hambre y la enfermedad. Más recientemente en las naciones más ricas, el terrorismo fabricado ha creado tanto miedo en los ciudadanos de cada nación que las burocracias han asignado enormes sumas de dinero para la seguridad y defensa, casi sin oposición o resistencias de las personas, esto de nuevo, mientras los problemas básicos del mundo decaen.

Pero todos deberían saber que estas enormes burocracias nacionales e internacionales no son un resultado necesario de la evolución de la humanidad o una respuesta a la moderna forma de vida, como a algunos de nosotros nos gustaría creer. Lo que consumen en recursos supera por mucho al más grandioso séquito monárquico de la historia de la humanidad. Son, de hecho, aberraciones y distorsiones del concepto de jerarquía, el monstruo de cabeza de hidra al que se refiere la Biblia, cuya función principal es la justificación del peso de los siempre crecientes impuestos y el embudo por el cual se mueven los fondos a destinos subrepticios.

Mientras los problemas de la tierra permanecen

sin solución aparente, las grandes estructuras burocráticas en la tierra han creado un mundo de su propiedad. Como parásitos, extraen del dinero y los recursos de la humanidad, y después reubican los fondos para satisfacer sus propios objetivos oscuros. En un sentido, ¡las personas del mundo están pagándole a estas burocracias para que los opriman! Entonces cuando este ciclo cósmico llegue a su fin, y cuando la tierra evolucione hacia su iluminación general, la humanidad esperanzadamente será empujada a resistir mentalmente las constantes demandas y justificaciones para poner más impuestos de las burocracias, puesto que es solamente el dinero lo que las mantiene vivas. Prívenlos de esta corriente de vida y se marchitarán y entonces se podrá manifestar una nueva forma de organización de servicio.

Por ley cósmica, se dice que "sí" por defecto si se permanece en silencio. Si no se resisten, rechazan o dicen que "no" a algo, entonces por supuesto permanecen tácitamente en acuerdo con eso. No obstante, no hay necesidad de que se les arreste o se les meta a la cárcel en este tipo de protesta. Si todos somos derivados de la Divinidad, nosotros como dioses y diosas podemos firmemente resistirnos a que las actividades de las Fuerzas Oscuras nos quiten nuestro dinero y se sorprenderán de los poderosos que son sus pensamientos para detenerlos. Es la tendencia mental somnolienta de la aceptación a ser oveja la que les da *libertad de acción* para hacer su voluntad.

Venta de las Naciones: La Deuda Nacional

La mayoría de nosotros, en algún momento, hemos pedido dinero prestado. Cuando compran una casa a crédito, firman un acuerdo hipotecario con un banco o prestamista que los tiene en deuda con ellos por veinte, quizá treinta años. Si compran un auto a crédito, firman una deuda por tres o cinco años. La mayoría de las personas trata de respetar estas deudas. Pero si no pagan el crédito, por ejemplo, el prestamista tomará la propiedad y los arrojará a la calle. Si no hacen los pagos del auto, el prestamista les hará devolver "su" auto. Así el prestamista siempre los tiene amenazados y ustedes sienten un compromiso con él.

Actualmente, los países alrededor del mundo piden prestados trillones de dólares a prestamistas desconocidos. Es lógico asumir que estos prestamistas, a su vez, ejercen enorme influencia en los líderes de los países endeudados, la suficiente influencia para poner incluso al presidente del país más poderoso en la tierra como una simple marioneta.

Durante el Siglo Veinte, la mayoría de las naciones del mundo renunciaron al sistema monetario basado en el oro. Esto significó que ya no era necesario respaldar a una divisa con lingotes de oro. En cambio, las naciones imprimieron y acuñaron su propio dinero hecho de papel y otros metales más baratos y decretaron que estos instrumentos tenían valor. La nación apoyaría a su moneda por medio de la buena administración fiscal de la economía y esto les daría a los proveedores y a los consumidores la confianza de usar papel para intercambios comerciales.

Más recientemente, el efectivo como medio de intercambio se ha vuelto obsoleto. Ahora, los intercambios comerciales se llevan a cabo utilizando formas de moneda incluso más efímeras, principalmente las transferencias de dinero/monedero electrónico o tarjetas de crédito/débito. Esto le ha dado al dinero aún más fluidez. Se puede mover enormes sumas de dinero de un lugar de la tierra a otro en cuestión de segundos, y cuando es manipulado apropiadamente puede aparecer o desaparecer en lo que toma mover un interruptor.

El uso del efectivo en forma de papel y monedas es para que las multitudes hagan sus transacciones diarias, pero incluso en este nivel, la gente está usando tarjetas de débito y crédito para adquirir incluso sus abarrotes más básicos. De hecho, cualquiera que cargue o que trate con demasiado efectivo ahora es etiquetado de lavador de dinero o un distribuidor ilegal de drogas o armas.

Una vez fuera del sistema monetario basado en el oro, los gobernantes tomaron ventaja de este ambiente menos limitador para incrementar sus gastos exponencialmente, debido a que todo lo que tenían que hacer era imprimir o acuñar lo que necesitaran. Cuando florecieron las burocracias gubernamentales, sus presupuestos de programa y operación aumentaron hasta el punto en que estos mismos gobiernos afirmaron que la recaudación de impuestos ya no podía cubrir sus requerimientos de gastos. Aprendieron que imprimir o acuñar dinero para cubrir estos gastos causaría inflación, devaluaría la moneda y minaría la confianza mundial en la moneda.

Para cubrir el déficit presupuestario anual, los gobiernos decidieron pedir prestado el dinero necesario a mercados financieros para cubrir el descontrolado déficit. El gobierno de los EE.UU., por ejemplo, expidió certificados de Tesorería, constancias a largo plazo, bonos y otros instrumentos ad hoc – pagarés – a cualquiera que le prestara dinero y en cambio, esto le garantizaría al prestamista un buen pago de intereses sobre el capital. Para ser preciso, la Tesorería de lo EE.UU. ha vendido 44 trillones de dólares de estos instrumentos en los mercados abiertos del mundo y paga un interés anual de alrededor de ¡400 billones de dólares o 1.5 billones de dólares por día! Y esta deuda está creciendo. Tan endeudado está el gobierno de los EE.UU. que el dólar también es un instrumento de deuda conocido como Billete de Reserva Federal. Usamos a los EE.UU. como un ejemplo debido al tamaño de la deuda, pero es cierto que cada país en la tierra actualmente está en deuda.

Durante los altamente especulativos años de 1990, los instrumentos de deuda del gobierno no fueron populares con los inversionistas más famosos, no obstante alguien estaba adquiriendo cada cosa. El gobierno de los EE.UU. afirma que el 55 por ciento de la deuda es mantenida por los inversionistas privados, mientras que el resto está siendo financiado por los préstamos de la Fundación de Confianza del Seguro Social. Este es solamente un caso.

Mientras que los líderes nacionales han pregonado los bienes del país a líderes desconocidos, ellos continúan poniendo impuestos a los ciudadanos para pagar el interés de los préstamos. Trillones de impuestos en forma de intereses fluyen de los bolsillos de los contribuyentes directamente hacia las arcas de estos prestamistas. Muchas personas encogen los hombros cuando se enfrentan a este problema, puesto que es difícil para ellos concebir que el gobierno podría caer en bancarrota, especialmente si tiene el poder para poner impuestos a sus ciudadanos a la fuerza cuando sea que necesite más fondos.

No obstante, ninguno parece hacer las preguntas más pertinentes: ¿CON QUIÉN ESTÁ ENDEUDADO EL GOBIERNO? En otras palabras, ¿qué fuerzas están prestando a las naciones trillones y trillones de dólares? ¿Podría toda esta estructura de deuda haber sido creada por designio?

¡La respuesta a esta simple pregunta revelará un poder inimaginable – las Fuerzas Oscuras – que posee los bienes de sus respectivos países! Y como todos los prestamistas, ejercen un tremendo poder de negociación sobre los líderes de los países para que hagan lo que les ordenan. Uno de los ejemplos más impactantes de este poder es lo que le sucedió al presidente Kennedy. Por rehusarse a que los EE.UU. entraran en guerra con Vietnam, fue rápidamente ejecutado a plena luz del día ante el mundo.

Pedir dinero prestado no es gratis. El gobierno debe pagar un interés sobre la deuda nacional, y para obtener el dinero para pagar los intereses, pone impuestos a sus ciudadanos. Cada ciudadano contribuyente está, en esencia, pagando un impuesto indirecto (el interés) a las Fuerzas Oscuras. En los EE.UU., este interés suma $33 trillones anualmente, y está creciendo mensualmente.

Pero aún cuando sus gobiernos nunca les dirán la verdad acerca de esta situación, solamente les pedimos que expandan su imaginación un poco más allá y usen un poco de lógica. Si fueran un líder de un país, ¿no estarían agradecidos con la entidad que posee trillones de dólares de la deuda de su país? La respuesta es obvia, ¡puesto que requerir tal enorme deuda en cualquier momento causaría el colapso inmediato de la economía del país!

Hoy en día, tenemos ejemplos de gobiernos en Sudamérica y África que están tan endeudados que ya no pueden hacer sus pagos de intereses. Ellos, en efecto, están en bancarrota y en su lucha por cumplir con sus obligaciones financieras con los prestamistas, sus líderes literalmente han volteado hacia sus propios ciudadanos y han asaltado a sus ahorros. Estos países profetizan el futuro de cada país que cae en las manos de las Fuerzas Oscuras, puesto que éstas no se detendrán hasta que hayan vaciado los recursos de cada nación.

Dense cuenta de que esta situación ciertamente existe y simplemente comiencen a preguntarse a ustedes o a los representantes y oficiales del gobierno, "¿Quién en realidad es el dueño de la deuda de mi país? ¿Cuándo fue que se hizo la deuda? ¿Por qué no se nos consultó antes de que endeudaran a nuestro país o comunidad?" Las respuestas los sorprenderían, puesto que la mayoría pretenderá no saberlo.

Cuando ejerzan su derecho de hacer estas preguntas, invocarán al poder de la Hermandad para conducir una guerra en contra de esta famosa situación en las dimensiones superiores, entonces cuando la batalla llegue a su fin, el velo de la ignorancia sobre el planeta tierra gradualmente se elevará y el yugo que las Fuerzas Oscuras mantienen en cada nación será derrotado. La gente despertará y se dará cuenta de la magnitud del problema.

Aparentemente para ustedes, cualquier organización con trillones de dólares para prestar a los gobiernos debe ser una fuerza formidable. También debería ser claro que estas fuerzas mantienen al mundo en su poder hasta el punto en que pueden dictar el curso que las naciones deben seguir sin tener en cuenta lo que la gente desea. Esta es una de las razones por la que las Naciones Unidas han sido inutilizadas, puesto que no es la voluntad de la comunidad de las naciones la que dirige las cosas durante estos tiempos, sino la voluntad de las Fuerzas Oscuras. Entonces, ¿no es sorprendente que algunas naciones se ocuparán en el armamento y, por el contrario, no atenderán clamorosas lamentaciones de la comunidad mundial?

¿De dónde sacan estas fuerzas sus ingresos para ser capaces de mantener la tremenda deuda de las naciones? De una de las fuentes que ya hemos citado arriba – los ingresos no reportados sacados de las recaudaciones de impuestos. Una segunda fuente viene del saqueo al sector privado.

CAPÍTULO 5

Saqueo del Sector Privado

"Entre más hay de lo mío, menos hay de lo tuyo."
Alicia en el País de las Maravillas

Hemos visto desde arriba, como es posible que las Fuerzas Oscuras utilicen la amenaza de fuerza para acumular enormes sumas de dinero a través de los impuestos y canalizarlas a través de burocracias gubernamentales "oficiales" para sus propios usos clandestinos. Ellas, entonces, le prestan enormes sumas a las naciones y ganan billones más en intereses. Aun más, ellas usan la deuda nacional para influenciar en las decisiones nacionales.

En el pasado, cuando los dictadores y monarcas codiciaban la propiedad de sus súbditos, ya sea que se apoderaran de ella por mandato real, o si el súbdito sabía que era para su beneficio, se la otorgaría al rey como un regalo. En los años posteriores a la Segunda Guerra Mundial, la mitad del mundo cayó bajo la dictadura Comunista que rápidamente se apoderó de toda propiedad a nombre de las personas en representación del estado. En esencia, los partidos nacionales comunistas y sus dictadores reasumieron el lugar de los dictadores del pasado y tomaron todo lo que quisieron de la gente.

En las Democracias Occidentales, en donde vastas cantidades de dinero del mundo se concentraron más y más, el derecho individual de tener una propiedad privada y mobiliario está protegido por la ley y resguardado en el sistema capitalista, entonces las Fuerzas Oscuras no podían despojar a las personas de su propiedad. Trabajando en el así llamado sistema de mercado libre, las Fuerzas Oscuras diseñaron formas aún más ingeniosas de apoderarse de la riqueza de las personas. Su objetivo primordial fue los Estados Unidos y Europa Occidental y más recientemente, los así llamados Tigres del Este y Sureste de Asia (Taiwán, Hong Kong, Singapur, Corea del Sur y Tailandia) en donde se había acumulado mucha de la riqueza mundial.

Tres Casos Impactantes del Petróleo Crudo

Caso Impactante #1

Fieles a su herencia Atlante, los dictadores, monarcas, o fuerzas militares, que dominan los gobiernos de los que conforman la OPEC así como también a los Jefes Oficiales Ejecutivos anónimos y a los miembros del gabinete de las principales compañías mundiales productoras y distribuidoras de petróleo, mejor conocidas como las Siete Hermanas, se embolsaron innumerables trillones sin error alguno y con notable consentimiento de la mayoría de los gobiernos mundiales.

Saqueo del Sector Privado

La primera transacción principal de dinero de la posguerra fue a principios de 1970 con el impacto petrolero. Los dictadores de los países productores de petróleo que se agruparon bajo la Organización de Países Exportadores de Petróleo (OPEC) en confabulación con las Sietes Hermanas, forzaron la transferencia de trillones de dólares de todo el mundo a sus cuentas de banco suizas simplemente manipulando la producción para que los precios del petróleo crudo se mantuvieran artificialmente altos. La mayoría de esta transferencia provenía de las democracias occidentales, las cuales eran prósperas en aquel entonces. Los países más pobres, también dependientes del petróleo, sufrieron profundamente.

Para doblar el dolor sobre los consumidores individuales, los gobiernos nacionales se apoderaron de la oportunidad para agregar, a los ya elevados precios del crudo y de la gasolina, enormes impuestos de gas y ambientales, aparentemente para disuadir a las personas del consumo y dependencia de productos del petróleo. Los impuestos sobre la gasolina responden hasta el cincuenta por ciento del precio de la misma en algunas partes del mundo y esto les dio a los gobiernos más ingresos. Esta última táctica no hizo nada para desalentar el consumo de petróleo, debido a que de hecho la dependencia mundial al petróleo permanece a la alza todo el tiempo.

Caso Impactante #2

Después de que tanto los gobiernos como la industria petrolera se posicionaran en el precio de la gasolina, gradualmente el mundo se ajustó a precios de energía más elevados por un periodo de veinticinco años y se recuperó. Sin embargo, los precios más elevados atrajeron más exploración y a productores que no pertenecían a la OPEC. Para 1998, el precio del crudo había caído debido a que entraron más productores que no eran de la OPEC al mercado del petróleo crudo. La caída llegó durante un tiempo de relativa prosperidad tanto en el este como en el oeste y justificó aun otra transferencia masiva de dinero. La OPEC en confabulación con las Siete Hermanas nuevamente restringió la salida de producción para causar un déficit artificial que triplicó el precio del petróleo crudo. Esta vez los productores de petróleo no pertenecientes a la OPEC, sintiendo la necesidad de precios de petróleo más bajos, hicieron de las suyas. Los impuestos gubernamentales arreglados como un porcentaje de crudo también se elevaron.

La segunda transacción de dinero estuvo bien cronometrada, puesto que coincidió con los ruidosos noventas (1990-2000) en el oeste, donde el furioso mercado de acciones oscurecía cualquier impacto en el oeste y en las florecientes economías de Asia. Para este tiempo el consumidor ya estaba acostumbrado a los siempre más elevados o fluctuantes precios de la gasolina, pero esta vez sus bolsillos estaban al nivel de las ganancias del furioso mercado de acciones.

Las naciones más pobres del mundo sufrieron enormemente, aunque la OPEC las compensó con transferencias de pagos de ayuda extranjeros.

Caso Impactante #3

La hazaña final se llevó a cabo con la Guerra Iraquí del 2003. Detrás de la retórica de democratización del Medio Oriente, el motivo primario detrás de esta Guerra es el control del petróleo. Las Siete Hermanas ya no quieren coludirse más o compartir sus beneficios con los gobiernos corruptos de los países de la OPEC. En estos días de locura y aceleración, las Siete Hermanas están apuntando hacia el completo control del suministro mundial de petróleo. Controlando las enormes reservas de petróleo de Irak y reconstruyendo la infraestructura petrolera para explotar estas reservas, las Siete Hermanas intentan bombear todo el petróleo necesario para forzar la baja de precios del petróleo crudo en el mundo y consecuentemente sacar del negocio a los monopolios petroleros del gobierno de la OPEC. Entonces ellas tendrán completo control sobre la producción, mercadotecnia y distribución mundial del petróleo y así controlar la economía mundial. Sin embargo, esta hazaña final no puede tener éxito y porta las semillas para la conflagración final, la 3ra. Guerra Mundial, la cual expondrá muchas de las ocultas fuerzas oscuras y las expulsará del plano terrestre.

El Saqueo de los Ahorros de su Vida de las Personas

Mucha de la riqueza que había sido acumulada en el oeste durante los años de la posguerra se "albergó" en los ahorros personales y en los impuestos diferidos de las cuentas de retiro de una generación en envejecimiento nacida en el baby-boom (incremento de nacimientos después de la Segunda Guerra Mundial). Los enormes fondos para pensión, las cuentas de retiro del gobierno, las cuentas de retiro empresariales, el seguro social, los cuentas de ahorro personales y las inversiones en bienes raíces acumularon trillones para una generación que se estaba preparando para un cómodo retiro. Además, los padres de los nacidos en el baby-boom dejaron herencias sustanciales a sus hijos.

Para apoderarse de este dinero, los agentes de las Fuerzas Oscuras diseñaron una estrategia para embaucar a los individuos en invertir sus ahorros de retiro en las bolsas de valores del mundo. Mientras esto es escrito, el dinero ya ha desaparecido en un legendario hoyo negro así que para cuando el público en general despierte, más de treinta millones de dólares habrán sido transferidos a desconocidos puntos en El Gran Esquema de Ponzi de los Noventa – la transferencia más grande de dinero en la historia de la humanidad.

El Gran Esquema de Ponzi de 1990

Los innovadores de 1990 nos trajeron el Internet y la computadora personal, dos instrumentos que están destinados a jugar un papel principal en la próxima Era de Acuario. Para traer estos dos inventos a encarnaciones terrestres, la Hermandad marcó a varios "genios" quienes, a su vez, crearon pequeñas compañías innovadoras que desarrollaron software y hardware propios. En unos cuantos años, estas compañías han desarrollado tal software y hardware "de fácil manejo" que millones en el mundo pueden estar conectados por medio del Internet.

Junto con estos crecimientos revolucionarios de la entrante Era Acuariana, tuvo lugar un gran espectáculo que resultó en la transferencia más grande de riqueza y efectivo en la historia de la humanidad.

Bancos de Inversiones

Los banqueros inversionistas de todo el mundo se apoderaron de estas dos innovaciones y crearon compañías auxiliares que explotarían cualquier cosa tangencial a estos dos inventos. Crearon las compañías punto.com virtualmente de nada, las dotaron con personal joven, sin experiencia e incompetente y después "los hicieron públicos". Ofrecieron estas compañías punto.com de almacenamiento al público prometiendo ingresos exponenciales al inversionista.

Agencias Corredoras de Bolsa

Los vendedores de acciones de las agencias corredoras de bolsa posando como "Asesores Financieros" pregonaron de casa en casa partes de estas nuevas compañías para inversionistas privados de las bolsas de valores internacionales en las principales capitales financieras de Nueva York, Hong Kong, Londres, Frankfurt, París y Taipéi. Ofrecieron a estas compañías inexpertas como la próxima Nueva Era, el Nuevo Paradigma y prometieron a los inversionistas semejantes rendimientos altos que los volverían millonarios instantáneamente y se retirarían con anticipación con un ingreso próspero. Pero el renuente inversionista primerizo permaneció dudoso, mientras que los especuladores experimentados se abalanzaron sobre el mercado. Los objetivos reales, sin embargo, eran los renuentes que habían acumulado billones es sus cuentas de retiro.

Fondos de Inversión: Grupos No Regulados para Seducir al Renuente

Los Fondos de Inversión han existido por varias décadas. El concepto es bastante simple: mancomunar el dinero de inversionistas desconocedores y sin experiencia y colocarlo con un administrador experto que invertiría el dinero del grupo. El grupo dividiría los beneficios entre ellos mismos después de pagarle una cuota al administrador.

En 1990, miles de estos fondos salieron de la nada. Completamente *no regulados*, no están bajo la autoridad gubernamental y, por lo tanto, inventan sus propias reglas. Cualquiera puede formar un fondo y así han resultado muchos disgustos.

Los fondos eran vendidos al público como la forma más segura de invertir en una próspera bolsa de valores muy compleja. Algunos fondos vendían sus servicios bajo el disfraz de un plan de retiro o de un plan financiero. Sus folletos abrumaban con lenguaje legal torcido y complejo diseñado para darles una semblanza de autenticidad. Sobre todo, se ofrecían como expertos en la "administración de la cartera de acciones" y prometían al público agraciados reintegros en sus inversiones para un retiro próspero.

La estrategia funcionó, debido a que fueron capaces de obtener trillones, ya que los vecinos y amigos vaciaron sus cuentas de ahorros y de retiro para ser parte del desenfreno financiero de 1990. Fascinados por la perspectiva de altos reingresos, los inversionistas ingenuos nunca se cuestionaron el hecho de que los fondos de inversión no estaban regulados. Dando su dinero al fondo de inversión, le entregaron el control absoluto de su dinero al administrador del fondo, quien no tenía ninguna obligación con la ley para reportar a los inversionistas lo que estaba haciendo con su dinero. De hecho, los administradores del fondo no necesitan reportarse con nadie, entonces los inversionistas no saben cuánto están ganando o perdiendo en realidad o con quién están haciendo el trato.

Saqueo del Sector Privado

Curiosamente, los fondos de inversión caen en un área muy gris de autenticidad, algo así como las agencias de recaudación de impuestos, no obstante ellos lograron embaucar al público para que les entregaran trillones y administrarlos. Cómo estos fondos mutualistas lograron multiplicarse y florecer por unos cuantos años, aparentemente sin regulaciones gubernamentales que los controlaran, será el tema de futuras revelaciones del poder de las Fuerzas Oscuras trabajando con bancos y gobiernos nacionales.

Este trío – los bancos de inversiones, las agencias corredoras de la bolsa y los fondos de inversión – formó los instrumentos que extrajeron trillones de dólares de los ahorros difícilmente ganados que las personas habían apartado para el futuro. Además, controlaron ciertos medios financieros consistentes de canales y periódicos financieros las 24 horas del día que proporcionaron un tipo de cuerpos organizadores en actividades de servicio que provocarían un furor que enviaría hordas de gente para vaciar los ahorros de sus vidas en acciones.

El trío funcionaba de esta forma: los banqueros inversionistas crearon miles de compañías no viables y las dieron a conocer al público en general y a los fondos de inversión. Los inversionistas embaucados pusieron su dinero en los fondos y éstos adquirieron acciones en estas compañías que no tenían productos, ni experiencia en negocios o algún registro de rentabilidad.

Para que los fondos de inversión dieran a sus inversionistas iniciales reingresos altos, y así atraer a aún más hacia el mercado, se coludieron con los bancos de inversiones en un clásico Esquema de Ponzi.

Con muchas fanfarrias de los medios, las agencias corredoras de bolsa introducirían una "oferta pública" de acciones para una nueva compañía de Internet. Por acuerdos previos, los fondos de inversión comprarían muchas de estas acciones a un bajo precio. El resultado era manejar en el Mercado el precio de la acción más elevado. Por previo acuerdo, el otro fondo de inversión después pediría un precio más alto por estas acciones, y después todavía otra las compraría por un precio aún más alto y así sucesivamente. Cuando los medios reportaban el alza meteórica de las acciones de una compañía en particular, millones de inversionistas privados buscaban "tomar parte en la acción" y se abalanzaban hacia el mercado pagando precios altamente exagerados por estas acciones sin valor, tanto como varios cientos de veces de su valor justo. Los listos fondos de inversión que ya habían cotizado el precio a la alza, gustosamente vendieron estas acciones demasiado caras a los inversionistas privados. Cuando los precios de las acciones ascendieron, más inversionistas pusieron su dinero en la bolsa de valores y en los fondos de inversión. Entre más gente veía que los precios subían, más vaciaban sus ahorros de retiro para darlos a los fondos.

Después de que cierta masa crítica se había acumulado, las compuertas se habían abierto. Los amigos y vecinos se jactaban acerca de los enormes reingresos que estaban recibiendo de los fondos de inversión. Ahora podían retirarse con anticipación con un agradable ingreso. Pronto los inversionistas realmente renuentes irrumpieron abiertamente en sus ahorros de retiro asegurados y los pusieron en manos de los fondos de inversión. Si la gente no tenía suficiente dinero para comprar acciones, ellos se lo prestaban. Demasiado dinero rebosó en el mercado, que los fondos de inversión, los banqueros inversionistas y las agencias corredoras de la bolsa no podían producir suficientes maravillas punto.com para cubrir la demanda. Las acciones sin valor dominaron precios astronómicos.

Para hacer uso del desbordamiento de ahorros que había en el mercado, el trío entonces comenzó a especular sobre los sectores manufactureros tradicionales y en las así llamadas acciones chip azul, haciendo exactamente lo mismo, cotizar artificialmente los precios de las acciones y después descargarlas en los recién llegados codiciosos. Mientras el público se enfocaba en la exageración del auge del punto.com, las telecomunicaciones, los sectores de energía, financieros, entretenimiento, relaciones públicas, bancarios y farmacéuticos estaban ocupados inventando formas de agarrar más de los ahorros de retiro de las personas.

De la noche a la mañana, brotaron millonarios teóricos que tenían acciones altamente exageradas y las capitales financieras se alegraron de que hubiera llegado una nueva era de prosperidad abastecida por la Nueva Economía. Los inversionistas individuales llenos de beneficios teóricos impulsaron sus acciones poseídas y compraron más de ellas en la cima del mercado teniendo la esperanza de que iban a aumentar aún más. Por otro lado, los analistas la bolsa de las cadenas de televisión financiera animaban a los inversionistas a comprar más, prometiendo reingresos aún más altos y la triplicación del índice de acciones. Prosperidad para todos, declaraban. Nueva York, Londres, Taipéi, Hong Kong, etc., prosperaron.

Establecimientos diseñadores de nombres de firma brotaron de la nada. Los cafés de moda, restaurantes, discos, hoteles exclusivos, cruceros de lujo y aviones de abordaje respondieron a esta nueva clase en tiempo de prosperidad de millonarios teóricos. Finalmente, ¡había llegado la Nueva Era, la nueva economía, un nuevo sistema económico! Sacaría del camino cansadas y viejas teorías de oferta y demanda y de pérdida y ganancia para traer prosperidad para todos.

Después llegó marzo del 2000. El gran dragón fue asesinado en la dimensión astral y la tierra se desplazó hacia un modo de evolución acelerada. El flujo de los nuevos inversionistas dentro del mercado comenzó a desacelerar y los rezagados que ya habían comprado acciones exageradas comenzaron a entrar en pánico. "¡Nadie quería comprar sus acciones a semejante precio!" Ellos comenzaron a descargarlas a cualquier precio en una venta de pánico y así comenzó el primer trecho de la caída de la bolsa de valores. Las bolsas de valores de todo el mundo se desplomaron y sobrevino un pánico en general.

Pero ningún mercado se va directamente en picada, dado que como una bestia muriendo, se azota, luchando por resucitarse a sí misma hasta el momento final en que sucumba. Las bolsas de valores se recuperaban, después se desplomaban, teniendo pérdidas progresivas más y más bajas todo el tiempo: recuperación, desplome, recuperación de nuevo, después desplome a niveles más bajos en un proceso de muerte que tocará fondo quizá en cinco años. No obstante con cada recuperación, los corredores de bolsa y los medios animaron a sus clientes a regresar rápidamente al mercado solamente para perder más dinero.

Tal será el destino de la enorme burbuja la bolsa de valores de 1990. Ahora millones de inversionistas privados y los fondos de inversión se lamentan las enormes pérdidas que sufrieron cuando la venta general liquidó sus cuentas de retiro. No obstante, nadie hace la pregunta crucial: **¿A dónde fueron los trillones en ahorros de retiro?**

El Mito de las Pérdidas de la Bolsa de Valores

El dinero es una condición que se encuentra sólo en nuestro planeta. Es una forma de energía que está representada en monedas, billetes, tarjetas de crédito y transferencias automáticas por telégrafos. El dinero, como la energía, nunca se pierde, a menos que estén los suficientemente locos para prender fuego deliberadamente en los billetes. El dinero solamente cambia de manos. Durante los días del sistema monetario basado en el oro, incluso podían fundir una moneda de oro y todavía mantendría su valor. En otras palabras, el dinero es indestructible. Solamente va de mano en mano.

Ustedes "pierden" dinero cuando alguien se los roba o los estafa. Si ustedes son el perdedor, hay un ganador. Es bastante simple porque el dinero es una manifestación de energía cósmica indestructible. Entonces, ¿quiénes son los ganadores en este gran desenfreno de dinero de 1990?

1. Ladrones Empresariales

Actualmente, los periódicos silenciosamente mencionan las vastas sumas que los funcionarios empresariales malgastan para crear un sistema de cableado de banda ancha por debajo del agua estirándose por todo el mundo y que nadie puede usar, de rascacielos de alta tecnología, de complejos de oficinas y centros comerciales, de satélites, de jets privados, de mansiones, de clubes de campo y cosas por el estilo. Los ejecutivos de compañías saquearon a sus firmas con salarios grosamente exagerados, restauraron las opciones de acciones beneficiándose de "información de afiliados", descargaron las acciones sin valor para que el público las comprara, se hicieron préstamos ilegales a ellos mismos, y transfirieron enormes sumas a corporaciones fuera del país y se confabularon con auditores bien pagados para falsificar las cuentas y engañar al público.

Por designio, reaccionaron los reguladores del gobierno, en lugar de anticipar los grandes crímenes del mundo empresarial y, así, llegaron demasiado tarde para detener cualquier mala conducta. Hoy en día, deben tratar de reconstruir ciertos casos, pero la completa extensión de la mala conducta empresarial nunca será conocida, debido a que muchos funcionarios empresariales ya se han escapado con su botín dejando los caparazones de sus compañías en bancarrota en manos de deudores. Muchos se han ido a refugios fuera del país, los cuales fueron establecidos años antes para proteger a los fugitivos financieros de la fiscalía. Muchos cambiarán sus nombres, obtendrán nuevos pasaportes e identidades y reanudarán sus actividades.

Demasiado dinero fluyó en las manos corporativas y la tentación se volvió irresistible: las mesas directivas de las empresas, directores ejecutivos y ejecutivos financieros se coludieron con sus auditores de contabilidad para fugarse con billones transfiriéndolos al extranjero a compañías ficticias, cubriendo estos robos con acciones exageradas y sus derivados.

Muchos inversionistas inocentes ya se han dado cuenta de considerables pérdidas, pero no se dan cuentas que estas pérdidas representan ganancias masivas para estas fuerzas. Los bancos de inversión establecieron estas compañías, pusieron a su propia gente a la cabeza, crearon los comerciales exagerados acerca de su futuro, animaron a los inversionistas a comprar acciones en la compañía, manipularon el precio de estas acciones en el mercado hasta que la compañía tuvo en sus libros de contabilidad una alta tasa de manera artificial. Después saquearon los activos reales de las compañías. Cuando el valor de la acción se colapsaba, todo lo que quedaba era un caparazón en bancarrota.

Estos evidentes crímenes en contra del inversionista deberían haber sido suficientes para cerrar las bolsas de valores para siempre, pero continúan timando a aquellos que están tratando de recuperar sus pérdidas haciéndolos invertir aún más. Ahora los accionistas están contraatacando; abundan demandas en contra de firmas de contabilidad y corredoras de bolsa, de directivos empresariales y de las personas que se suponía protegerían al público, los auditores. Todos están enfurecidos, y legítimamente. Pero, desafortunadamente, deseamos señalar de nuevo, que está fue una atracción cuidadosamente planeada y orquestada para desviar su atención del verdadero crimen que se estaba llevando a cabo.

Aunque en confabulación con las Fuerzas Oscuras, la mayoría de los líderes corporativos no son más que hombres fachada – los atractivos y aparentemente competentes colocados en puestos clave para extraer el dinero de los inversionistas con su encanto y pose de medios de comunicación. Mucha de la élite corporativa en las industrias bancarias de inversiones y agencias corredoras de bolsa son almas jóvenes, impresionables e ingenuas que son deslumbradas por esos prospectos productores de dinero apadrinados de las Fuerzas Oscuras. Apelando a su avaricia y necesidad de notoriedad en los medios, en esencia ellos sirven como chivos expiatorios de un esquema mucho más insidioso y complejo de lo que el público puede imaginar, ya que nunca son vistos los que presionan los botones y manipulan los mercados. Los chivos expiatorios son agarrados con las manos en la masa, mientras que otros fueron los suficientemente astutos para escaparse del escrutinio y de la fiscalía.

El público continuará descargando su indignación a través de los tribunales y los medios, pero una cosa es cierta, el público nunca tendrá su dinero de vuelta. Mientras la atención del público está atada al laborioso enjuiciamiento de los ladrones empresariales, desaparecerán más trillones. Nuevamente, ¿a dónde irá en realidad el dinero?

2. Deuda Corporativa

El inversionista privado que compró acciones o certificados esencialmente intercambió su dinero por un pedazo de papel llamado certificado corporativo de acciones. Él pensó que había comprado una parte de una compañía y así compartiría las ganancias (o pérdidas) de esa compañía. Estas nuevas corporaciones gastaron mucho del capital de la venta de estas acciones en audaces esquemas hasta que no quedara nada. Para sobrevivir, empeñaron los activos de la corporación y pidieron prestadas enormes sumas de dinero para mantenerse a flote.

Sin su conocimiento, las acciones que el inversionista pensó que había comprado quedaron sin valor cuando la corporación empeñó los activos para pedir dinero prestado. Los inversionistas ingenuos continuaron comprando las acciones sin valor de la corporación en el mercado de acciones a precios exagerados, puesto que los medios pintaron de color rosa el futuro de la corporación. Estos valores de las acciones falsamente exagerados se convirtieron en el único valor de la compañía. Mientras la furiosa bolsa de valores se mantenía y todos creían en el valor falso de las acciones, la deuda corporativa no sería expuesta.

La caída de la bolsa de marzo del 2000 expuso más y más que las corporaciones no eran más que caparazones vacíos, excesivamente endeudadas y al borde de la bancarrota. ¿Qué pasó con el efectivo que estas corporaciones pidieron prestado sobre los activos de la corporación? Desapareció en el hoyo negro de los derivados.

3. Derivados: El Hoyo Negro

Muchos recuerdan al joven mercader bribón de Singapur que perdió una fortuna en derivados y trajo la caída de uno de los bancos más venerables de Inglaterra. ¿Cómo podría un empleado debilitar un banco entero? Simplemente comerciando con los derivados.

Las principales bolsas de cambio mundiales inventaron los derivados para extraer más efectivo hacia el mercado. Con un derivado, el comerciante compra lo correcto para apostar en la dirección de un mercado dado. Por ejemplo, un inversionista adquirirá un contrato de entregas de oro a plazos con la esperanza de que los precios del oro suban o bajen. Enfatizamos que el inversionista puede hacer dinero si un mercado dado se va a la alza o a la baja, no solamente a la alza. Si él apuesta en el mercado que caerá, y el mercado ciertamente cae, él gana y viceversa. Si los mercados no marchan a su modo, él pierde su dinero.

Invertir en los derivados es simplemente una apuesta, una forma de jugar por dinero, aunque está enmascarada como una forma legítima de inversión. Es altamente hipotética y riesgosa. Además de los ofrecimientos de derivados públicos, también existe el mercado privado de derivados, el cual sabemos que existe, pero poco se sabe sobre sus parámetros. Lo que es importante recordar es que en estos mercados de derivados, *por cada ganador hay un perdedor*. Esta es la clave para clarificar hacia dónde está yendo todo el dinero.

Es un juego traicionero porque los mercados son manipulados. Tan poderosas son las Fuerzas Oscuras que pueden hacer que los precios de mercancías por entregar vayan en la dirección que deseen. Por ejemplo, manipularán los precios del oro comprando miles de contratos de entregas a plazo para "alargarse". Este mero acto causará que el precio del oro suba. Corren la voz a través de los medios que los precios del oro están ascendiendo y que alcanzará un cierto precio alto al final del año. Así, se establece un curso ascendente.

Al oír los rumores, miles de inversionistas, corporaciones, bancos y fondos de inversión se apurarán a comprar contratos de entregas de oro a plazo apostando que el precio del oro estará a cierto nivel al final del año. La actividad rápida dentro del mercado mismo tiene una profecía momentánea autosatisfactoria, puesto que hace que el precio del oro suba aún más. Cuando el precio alcanza niveles suficientemente altos para una ganancia saludable, estas fuerzas salen a la luz y materializan enormes ganancias.

Si el mercado del oro continúa a la alza un poco más, entonces estas fuerzas se ocultan, "venden" o "adelantan la venta" del mercado del oro, o apuestan a que los precios del oro comenzarán a caer. Esto crea un pequeño pánico y la gente comienza a vender. Cuando el precio del oro se desploma, estas fuerzas se embolsan otra enorme cantidad en ganancias.

A causa de poder financiero, las Fuerzas Oscuras pueden determinar en qué dirección desean que vaya el mercado. Al principio ellas seducen a los inversionistas, a las corporaciones, a los fondos de jubilación y a los bancos para que inviertan "autorizándoles" un buen reingreso de su dinero. Esto los anima a invertir incluso sumas más grandes en derivados. Nuevamente, logran algunos muy buenos beneficios. Confiados con estas ganancias, invierten un porcentaje aún más grande de su portafolio en derivados. Con el mercado de derivados creciendo con expectativa de que un mercado dado se moverá en una sola dirección, las Fuerzas Oscuras intervienen y obligan a los mercados a ir en dirección opuesta. Estos inversionistas pierden todo y las Fuerzas Oscuras acarrean las masivas sumas de efectivo.

Esta es una de las principales formas en que los trillones de efectivo han sido extraídos de las corporaciones y bancos mundiales hacia los cofres de las Fuerzas Oscuras. Por todos los perdedores corporativos o individuales, las Fuerzas Oscuras fueron las ganadoras. Y las ganadoras obtuvieron trillones.

4. Consorcios y Adquisiciones

En la cima de la gran burbuja de la bolsa de valores hubo un surgimiento de consorcios y adquisiciones entre las compañías del nuevo paradigma. Compañías de mantenimiento compraron y vendieron compañías como activos. Continuando sobre los excesivos precios de las acciones de una compañía, las compañías pagaban el dólar máximo por sus adquisiciones, desafiando todo sentido de negocios de comprar barato y vender caro. En muchos casos, el único valor que quedaba en la adquisición era el de sus exagerados precios de las acciones.

Cuando la compañía A quería comprar a la Compañía B, no solamente compraba las elevadas acciones, sino también tenía que pagar una compensación extra de buena voluntad. Algunas compañías pagaban millones de buena voluntad, es decir que compraron billones de activos de aire. Las fanfarrias de los medios y los ánimos extra acompañaban a cada uno de estos arreglos para atraer a más inversionistas para que compraran las acciones del consorcio recién creado y mantener los valores altos.

Incalculables billones cambiaron de manos durante este furor de consorcios y adquisiciones y aquellos que se alejaron con los bolsillos llenos eran los mismos que habían manipulado el mercado a tales alturas. Este juego aparentemente sin final y lucrativo terminó cuando las bolsas de valores comenzaron a desplomarse, pero sería seguro especular que las pérdidas del mercado de valores experimentada por inocentes, incluso ambiciosos inversionistas, están escondidas de manera segura en los bancos de Suiza.

5. Los Fondos de Inversión: El Último Hoyo Negro

Señalamos anteriormente la naturaleza no regulada de los fondos de inversión. Ellos pueden hacer cualquier cosa con el dinero de ustedes y ciertamente no tienen ningún recurso excepto el de extraer sus fondos restantes. No hay auditorias de terceras partes y sus reportes financieros anuales hacia los inversionistas son finos trabajos de ficción. Todo lo que podemos decir es que lo que sucede en los cuartos secretos traseros de la oficina central de los fondos de inversión es perjudicial para la humanidad. El hecho reside en que, al igual que los servicios de recaudación de impuestos, ellos no responden a ninguna autoridad. Pueden hacer lo que quieran y no hay nadie que revise o verifique sus actos. Los administradores dicen que las pérdidas en las bolsas de valores en general están causando estas pérdidas, pero ¿de verdad? ¿Cómo puede saberlo el público ya que a estos fondos no se les requiere que reporten sus posesiones, ganancias o pérdidas?

El fenómeno de fondo de inversión también distorsiona las así llamadas fuerzas del mercado en la bolsa de valores en donde se ofrece el intercambio de acciones. En lugar de millones de pequeños inversionistas en los intercambios de mercado, unos cuantos miles de administradores de los fondos de inversión controlan trillones de dólares en acciones y, por lo tanto, son capaces de manipular el alza y la baja de ciertas acciones. Ellos también controlan el alza o baja de los índices del mercado de valores con sus enormes posesiones de acciones corporativas. Finalmente, a través de los enormes bloques de acciones que tienen en las compañías, también deciden quién se sienta en las direcciones de estas compañías.

Mientras tanto, los inversionistas de los fondos de inversiones observan la reducción de las mismas, mes a mes, esperando a que ocurra la gran promesa de un retiro seguro. Los listos ya han retirado lo que queda de su capital, mientras que los optimistas resisten hasta que gradualmente estas "pérdidas" malgasten su capital. Para cuando el público despierte de esta farsa masiva, los fondos de inversión habrán caído como todas las otras organizaciones sobre capitalizadas. Parte de los trillones que "perdieron" los inversionistas serán seguidos hasta el oscuro bajo mundo de las transacciones de los que los fondos de inversión se ocuparon sin verificación externa o responsabilidad en los mercados de derivados.

Estos siniestros inventos de las Fuerzas Oscuras forman el hoyo negro final, el embudo hacia los bancos de Suiza. No obstante, cuando los mercados se colapsen gradualmente en los próximos años, estas, alguna vez torres financieras, se marchitarán.

El Fin está Próximo

Muchos de los que retiraron su dinero del mercado de valores con suficiente anticipación y ahorraron lo que quedó de su capital, se apresuraron a invertir estos fondos en bienes raíces, pero de nuevo este loco apuro creó todavía otra burbuja de bienes raíces de precios excesivos. Las sociedades financieras, los agentes hipotecarios y los bancos cómodamente acordaron préstamos hipotecarios a estos compradores. Una vez que obtenían la firma del prestatario en los papeles del préstamo, vendían las hipotecas a corporaciones secundarias no bancarias de hipoteca. Para comprar estas hipotecas, estas compañías secundarias de hipoteca más tarde pidieron prestado el dinero emitiendo bonos y derivados sobre estos bonos.

En esencia, a través de este complejo laberinto de préstamo, estas instituciones financieras no bancarias de las Fuerzas Oscuras poseen, indirectamente, la mayoría de las propiedades adquiridas con una hipoteca. En otras palabras, si ustedes no poseen el bien inmueble al 100 por ciento, el titular de la hipoteca, el cual está endeudado con las Fuerzas Oscuras, es el verdadero propietario.

Cuando la economía mundial se reduzca, más y más personas perderán sus trabajos, se atrasarán en sus pagos hipotecarios de su hogar y serán arrojados a las calles. Estas siniestras corporaciones secundarias de hipoteca tomarán posesión de la propiedad.

Cuando los incumplimientos hipotecarios alcancen una masa crítica, las corporaciones secundarias de hipoteca se colapsarán dejando un páramo de propiedades. Esto significará el final del agarre financiero que tienen las Fuerzas Oscuras sobre el mundo y las torres de finanzas que les ha llevado siglos construir se caerán una a una como fichas de dominó.

El Otro Mundo

En las secciones de arriba, aprendimos cómo las Fuerzas Oscuras concentraron sus esfuerzos en los países ricos del mundo durante los últimos años del Siglo Veinte. Han sido capaces de extraer el dinero de poblaciones mundiales acaudaladas a través de esquemas ingeniosamente diseñados que explotaron el sistema de libre comercio del Occidente. Pero esto no quiere decir que hayan ignorado al resto del mundo.

La mayoría de las personas en esta tierra apenas pueden arañar un sustento, mucho menos, invertir dinero para especular en el mercado de valores. Las multitudes empobrecidas del mundo están divididas entre muchas naciones-estado soberanas. Mencionamos la palabra "soberanía", debido a que debajo de esta rúbrica se puede lograr mucho dentro de los límites de estados soberanos empobrecidos, fuera del escrutinio público internacional.

Incapaces de exprimir cualquier recaudación de impuestos de la gente empobrecida, excepto a punta de pistola, y además, temerosos de empujar a los empobrecidos tan lejos que se amotinarán por desesperación, las Fuerzas Oscuras han utilizado más medios feudales para controlar el dinero.

Existe una clase favorecida que invariablemente surge de situaciones empobrecidas. Es una que está íntimamente conectada a aquellos que tienen poder dentro de la burocracia gubernamental. Los intercambios íntimos entre el gobierno y esta clase favorecida, generalmente involucra la explotación de los principales recursos naturales del país, como minas de minerales, plantíos, drogas, cemento o petróleo crudo. La clase favorecida les paga generosamente a oficiales del gobierno por ciertas concesiones y aplica u obtiene el conocimiento y el capital para explotar los recursos. Atractivas cantidades de estas concesiones pasan entre estas dos partes e invariablemente salen del país hacia bancos extranjeros en Suiza o en otros refugios fuera del país.

Los oficiales de gobierno se enriquecen así mismos y viven en las mansiones más finas del país. La clase favorecida disfruta la vida de la clase social alta. Con frecuencia viven en comunidades con vallas o cercas sobre una meseta o un terreno más alto con vista hacia la capital de la ciudad. Muchos ostentan su riqueza ante las multitudes empobrecidas, puesto que frecuentemente están ciegos ante la miseria a su alrededor. Con frecuencia, las familias de la clase favorecida se casan con aquellos que son de otros países a fin de que haya una red social y de negocios que los una.

Poseen jets privados que los llevan a las principales capitales del mundo en donde beben vino, cenan y comprar en las boutiques más finas en compañía de sus sirvientes y guardaespaldas. En cada viaje cargar masivas cantidades de efectivo, para depositarlo en cuentas bancarias de Suiza o en otros refugios extranjeros.

Las Fuerzas Oscuras explotan lo que pueden, usando los métodos menos sofisticados de sus raíces Atlantes. Las poblaciones empobrecidas proporcionan la mano de obra barata para explotar a estas concesiones. En algunos países, los gobiernos o estas grandes concesiones dan raciones de comida que limitan la entrada de alimento de una persona a lo que está prescrito en la tarjeta de ración. Este es uno de los medios por los cuales las fuerzas pueden controlar a las masas, ya que ¿qué persona hambrienta se rebelaría en contra de la autoridad que controla su suministro de alimento?

Aunque la explotación de los empobrecidos continúa de una forma más feudalista, son jugadores inferiores comparados a los esquemas lucrativos de los mercados financieros y de acciones en las economías más avanzadas. Lo que es notable aquí es que las Fuerzas Oscuras están en cada esquina del mundo tramando su asimiento financiero en la humanidad. No importa cuán golpeada por la pobreza sea la gente, ellas no dejan de extraer más, incluso cuando las personas del país están al borde de la hambruna. Afortunadamente, algunas almas buenas y avanzadas han elegido encarnar en estas clases favorecidas y luchar con sus prácticas. Todo llegará al punto crítico en el Armagedón y el asimiento que estos dictadores y séquitos tienen en la humanidad será cosa del pasado.

La Muerte Lentamente Agonizante del Dragón

Cuando llegó el nuevo milenio, los Grandes Seres Cósmicos que supervisan la tierra dijeron, "¡Suficiente!" Pisaron el acelerador y la tierra giró a gran velocidad, una que enloquecería a las Fuerzas

Saqueo del Sector Privado

Oscuras y finalmente las desherbaría del plano terrestre.

El efecto en las bolsas de valores fue casi inmediato. La fiesta terminó en marzo del 2000, cuando comenzó la primera venta de pánico. Los inversionistas más inteligentes sospechaban que tal fiesta no podía durar para siempre y quizá, sólo quizá, estaban poseyendo documentos exagerados sin valor. Se salieron al instante. El inversionista menos sofisticado y optimista, el que seguía sus instintos de ambición en lugar de la razón, permaneció en el mercado esperando a que los buenos tiempos regresaran. Pero los mercados de valores de todo el mundo continuaron su desliz en picada, anulando los no viables negocios punto.com y vendiendo incluso la más azul de las corporaciones de chip azul al borde del fracaso financiero. Millones de inversionistas, que permanecieron en el mercado en la urgencia y por consejo de sus corredores de bolsa y consejeros, perdieron trillones de dólares. Aquellos que resistieron con el hilo más delgado de esperanza de que los mercados se recuperaran, perderían aún más.

Los administradores de las bolsas de cambio del mundo actualmente continúan convenciendo a los inversionistas de que el desplome es solamente una corrección a corto plazo. "Solamente permanezcan ahí un largo rato. Aclimátense a la baja y en unos cuantos años todo estará bien", entonan los medios de comunicación. No obstante las economías del mundo han continuado en terreno resbaladizo. Trillones más serán perdidos cuando las torres sobre capitalizadas del mundo de las finanzas se colapsen en el abismo.

Pero como los derivados, los mercados están estructurados a fin de que manipuladores conocedores puedan ganar en la alza así como también en la baja. Las fuerzas que cosecharon las ganancias mientras que los mercados subieron, también cosecharán mucho cuando bajen. Esta vez la gran diferencia es que las instituciones y los instrumentos usados para robar y acumular la riqueza estarán tan débiles en cada baja hasta que sean destruidos, y nunca resucitarán. Es el gran dragón tomando sus últimos respiros antes de su muerte final.

Las Fuerzas Oscuras saben que sus días están contados y, en desesperación, intentarán llevarse a todo y a todos con ellas hacia abajo. Han puesto billones en el mercado de valores para evitar un desplome y extender una ilusión de una genuina recuperación económica. Haciendo esto, retirarán a inversionistas escépticos, solamente para escapar con su dinero cuando los fundamentos de los mercados estén nuevamente a cargo y obliguen a los mercados a caer de nuevo. Cuantas veces puedan deslizar este truco en el público dependerá en cuán ingenuo sea el público, pero gradualmente en los próximos años, este proceso morirá y los mercados de valores serán silenciados.

El Precio del Consentimiento

La transferencia masiva de riqueza de millones de cuentas de ahorro y retiro hacia los cofres de las Fuerzas Oscuras solamente podrían haber sucedido con el consentimiento de las almas buenas e inocentes de la humanidad. Cuando la gente finalmente despierte a lo que ha sucedido, voltearán en contra de todas estas instituciones que les han robado, en lugar de servirles. Invadirán a los fondos de inversión, derogarán al mercado de derivados e incluso declararán ilegal los intercambios de acciones. Lo que nadie será capaz de negar es que las Fuerzas Oscuras simplemente pusieron la trampa y que las almas no pensantes y débiles, motivadas por la avaricia o los sueños pintados por los agentes de las Fuerzas Oscuras, voluntariamente caminaron hacia eso.

Cuando estas torres de sistemas financieros y los mercados se desmoronen gradualmente y les extraigan su dinero, las Fuerzas Oscuras voltearán hacia su otra especialidad – defensa de la guerra – en un desesperado intento por mantener su asimiento en la humanidad.

CAPÍTULO 6

Maestros de la Guerra
"La verdad es la primera víctima de la guerra".

La amenaza del terrorismo se aprovecha de las mentes de todos hoy en día, especialmente cuando un terrorista ataca y después otro llena las pantallas de los medios de comunicación. Pero si volvemos un poco hacia atrás, ¿es posible que estos eventos no pudieran ser algo más que una parte de una situación orquestada para fomentar el fin de las Fuerzas Oscuras? ¿Es posible que la lucha contra el terrorismo no sea más que un juego sobre un tablero de ajedrez, en lugar de la cruzada que debiera ser? ¿En realidad podrían los actos de terrorismo ser eventos bien planeados diseñados para infundir miedo y dirigir la opinión pública hacia la guerra?

Sería mucho más fácil aceptar el escenario de eventos encaminados al ataque del 11 de septiembre, como se presentó en los medios masivos de comunicación. Usando un poco de lógica deberíamos cuestionar el escenario aceptado de lo que sucedió. ¿Cómo es que el país con la milicia más grande en el mundo pudo haber sido tan descuidado en sus medidas de seguridad para permitir que una fuerza de varios rufianes de las cuevas de Afganistán repentinamente llegara y muy exitosamente, en cuestión de una hora más o menos, atacara los dos edificios financieros más famosos del mundo en la ciudad de Nueva York y después fuera a atacar al Pentágono mismo – y sin ningún contragolpe o algo?

Sí, tan difícil como es de imaginar, el ataque al World Trade Center de Nueva York el 11 de septiembre del 2001, fue dirigido estupendamente ante cámaras de noticieros en vivo a través de todo el mundo. Todo salió con gran exactitud, debido a que fue precisamente eso, un escenario bien dirigido y no una coincidencia.

¿No es extraño que unos cuantos cuestionen estos eventos y que los que lo hacen sean etiquetados como tontos? Desde donde estamos sentados, podemos afirmar que esto no fue el trabajo de terroristas afganos. Este no fue un trabajo de un grupo religioso llamado Talibán. Este fue un trabajo de las Fuerzas Oscuras a las que nos hemos referido arriba. Es parte de un plan más grande para crear crisis mundial y preparar a todos para un estado de guerra.

El ataque al World Trade Center y la forma en que ha encaminado hacia la guerra con Irak es bastante similar a los eventos que guiaron hacia la guerra en Vietnam, excepto que en el último caso, fue la amenaza del Comunismo en lugar del terrorismo. De nuevo, usando un poco de lógica, ¿era este pequeñísimo país al Sureste de Asia realmente una amenaza para los EE.UU.? Cualquier persona inteligente podría ver que Vietnam no presentaba amenaza directa a la seguridad de los EE.UU., no obstante después de asesinar a su principal obstáculo, el Presidente Kennedy, y diseñar el incidente del Golfo de Tonkín, las Fuerzas Oscuras convencieron a Washington, DC. para que mandara al frente a miles y miles de hombres jóvenes a que perdieran sus vidas, sus mentes y sus miembros. ¿Para qué?

¿Qué es lo que se defendía en realidad? ¿Cuál era la amenaza? ¿El Comunismo? Después de la trágica guerra, los comunistas ciertamente se apoderaron de Vietnam, lo cual presentaba poca o ninguna amenaza a los EE.UU. Cualquier individuo pensante habría sabido a principios de los sesentas que no había amenaza alguna, así como no existe ninguna amenaza para ustedes hoy en día de cualquiera de los así llamados grupos terroristas que puedan encontrar en este planeta.

Las Guerras – Eventos Planeados y Orquestados

Quizá se pregunten, ¿con qué propósito las Fuerzas Oscuras crean la guerra? No hay nada como el armamento moderno, ahora tan dependiente de la alta tecnología y de un amplio rango de material de logística, para mantener a las fábricas ocupadas, al empleo alto y a las cuentas bancarias llenas. Así como lo hicieron en anteriores encarnaciones, las Fuerzas Oscuras continúan complotando, planeando y ejecutando guerras para obtener ganancias.

¿Podría el ataque al World Trade Center ser visto simplemente como una escena en el desarrollo de un complejo plan para crear una tendencia pública hacia la guerra? Las guerras no son eventos de improviso: son eventos planeados, cuidadosamente trazados y conspirados con años de anticipación. Por ejemplo, la guerra reciente en Irak al menos llevó diez años planearla. Los aviones, misiles, barcos, satélites y todo el material de guerra toma años diseñarlos y construirlos. Esto con frecuencia tiene como justificación que está "siendo preparado" para propósitos de defensa. Actualmente, incluso los medios de comunicación son instruidos y difunden la movilización paso a paso de la guerra. ¿La cobertura de la guerra no se ve como un vasto espectáculo para que el público lo vea desde sus televisores?

Las guerras y los conflictos armados tienen todavía otro insidioso objetivo: desvían la atención de las personas de sus vidas normales a fin de que las leyes o decretos puedan despojarlos de cualquiera que sean los derechos que ellos disfruten. La ley marcial en una emergencia puede borrar décadas de derechos obtenidos con dificultad. Y cuando el conflicto finaliza, la gente repentinamente se da cuenta de que un régimen aún más represivo ha tomado el poder. Solamente necesitamos mirar las secuelas de la Segunda Guerra Mundial, cuando la mitad del mundo – la Unión Soviética, Europa Oriental, Asia Central, China, Corea del Norte y el Sureste de Asia – cayó bajo los regímenes represivos y dictatoriales. Incluso ahora, las así llamadas medidas de seguridad en los aeropuertos y las fronteras están todas diseñadas para acostumbrar a las personas a ser investigadas, a ser sumisas, a no cuestionar, a entregar su sentido de la libertad e impedirles ir y venir a voluntad. Estos son los mismos re-inventos cansados y tediosos de las pasadas prácticas de represión.

Serán introducidos más proyectos de leyes en el poder legislativo y en la sociedad para descontinuar los derechos que generaciones anteriores han ganado. Los argumentos complejos pueden justificar cualquier legislación. Por ejemplo, la propiedad privada de armas de fuego está garantizada en la Constitución

Americana como derecho de cada hombre. No somos empecinados defensores de las armas de fuego pero deseamos recordarles que la intención original de esta disposición era: los fundadores de la Constitución Americana querían asegurarse de que los ciudadanos podían defender su derecho a ser gobernados por la gente y para la gente, en caso de que el demente que afirmara gobernarlos se volviera en contra de ellos.

Guerra a Cualquier Costo

Cuando una guerra ha sido planeada meticulosamente, desarrolla un ímpetu propio. Su ejecución procederá a toda costa y las Fuerzas Oscuras quitarán a cualquier persona o cosa que se interponga en su camino. Los gobiernos, los principales perpetradores de las guerras, audaz y francamente mentirán a sus ciudadanos acerca de los costos materiales y humanos de las guerras y sus consecuencias. Lo que parecerá el enemigo en realidad también es parte del juego. Ellos controlarán la fuerza completa de los medios de comunicación para entonar despiadadamente sus justificaciones y puntos de vista de la guerra hasta que sea aprendido por la mente de cada ciudadano. Esto suena brutal y bestial en el mejor de los casos, pero muy en línea con su bajo nivel de desarrollo evolutivo.

En la producción de Oliver Stone de la película *JFK*, en los créditos debería haberse leído, "Dirigida por el mismo J.F.K.", puesto que ciertamente así fue. De tal manera que el espíritu una vez conocido como el Presidente J.F. Kennedy había presionado por algún tiempo a las autoridades de la Hermandad para que hicieran saber al público la verdadera historia de su asesinato. Y ciertamente, obtuvo lo que deseaba. Dando o tomando unos cuantos hechos, la película presenta la verdadera situación de lo que sucedió. Expone la falaz teoría de la bala mágica, la que derribó al Presidente, después zigzagueó, cambió de dirección y golpeó al Gobernador de Texas. Recientemente, como caído del cielo, apareció un artículo en los periódicos declarando la versión oficial del vigente asesinato, no obstante en una reciente entrevista televisiva, el ex-gobernador de Texas y su esposa, quienes estaban en la misma limosina que el Presidente, confirmaron que recibieron múltiples disparos. A pesar de su testimonio, el reporte oficial del gobierno sobre el asesinato del Presidente nunca ha sido cambiado.

De manera más sorprendente, el Sr. Oswald no hizo ningún disparo, no obstante él es a quien la historia registra como el asesino de John F. Kennedy. De hecho, sirvió como víctima inocente, como chivo expiatorio de un complot mucho más profundo. La película también señaló que en 24 horas la biografía completa del Sr. Oswald fue esparcida por todo el mundo, como si hubiera estado preparada para su publicación. ¡Qué rápido!

En verdad, el Presidente Kennedy fue asesinado simplemente porque se rehusó a dar su consentimiento para llevar a cabo una guerra en Vietnam. Señalamos este triste evento para mostrar al lector cuánto forzarán las Fuerzas Oscuras su orden de guerra sobre las personas. Querían probar que incluso si el Presidente de los Estados Unidos se oponía a sus planes para la guerra, sería eliminado. "Podemos hacer rodar la cabeza de su Presidente al medio día, en frente de todos ustedes, ¿o no?".

El asesinato también destaca cómo las Fuerzas Oscuras pueden presionar a muchos líderes a lo largo del mundo para que se adhieran a su agenda. No le tomó mucho tiempo al sucesor del Presidente Kennedy firmar las órdenes para enviar a quinientas mil tropas a la guerra.

Una vez que la guerra en Vietnam estaba en camino, las Fuerzas Oscuras desataron su poder para sabotear el movimiento por la paz en Vietnam. Muchos reporteros periodísticos de la época están de acuerdo en que la defensora de la paz y cantante, la señorita Janis Joplin, fue asesinada. Ella no murió por una sobredosis de heroína auto-administrada, como no lo hizo el Sr. Jimmy Hendrix ese mismo año. Era de dominio público que todos ellos se satisfacían con las drogas, pero usando un poco la lógica, la mayoría de las personas que utilizan drogas, como buenos químicos, saben lo que cuesta sobrepasarse. No es probable que tomen enormes cantidades de droga de golpe.

Es cuestión de evidencia pública que el investigador de muertes no naturales del Condado de L.A. reportó en su autopsia que el cuerpo de Joplin contenía una cantidad de heroína que era cuarenta o cincuenta veces más potente de lo que cualquiera podía encontrar alguna vez en la calle. ¿Podría ser que alguien le suministró esta alta dosis? Sentimos decir que este fue el caso.

¿Por qué las Fuerzas Oscuras se enfocaron es estos músicos? Un año antes de su muerte, en 1969, tuvo lugar el Concierto por la Paz Woodstock y demasiado para el asombro de las autoridades, jóvenes de todos los Estados Unidos se reunieron para apoyar la paz sin ningún incidente. No hubo muertes, ni asesinatos, ni violencia – en realidad todos estuvieron de manera bastante pacífica. Cuando las Fuerzas Oscuras se dieron cuenta del riesgo de que este evento se reprodujera una y otra vez, inmediatamente se centraron en sus líderes y en un breve año, 1970, todos ellos murieron. ¡Qué coincidencia!

Los esfuerzos por combatir las actividades bélicas de las Fuerzas Oscuras con frecuencia se encuentran con la tragedia, puesto que siempre están alerta de las personas o fuerzas que promueven exitosamente la unidad o logran que la gente trabaje unida. Sus métodos no han cambiado desde los días del Sr. Adolfo Hitler, cuyo lema era "Divide y vencerás. Divide y vencerás".

Las Fuerzas Oscuras deliberadamente perpetran y enardecen tensiones raciales, conflictos étnicos y cualquier diferencia para mantener a las personas enfocadas en cuánto se odian unos con otros y cómo un país difiere de otro y por qué una raza es superior a otra. La UNIDAD es su enemiga. Cualquier persona o cosa que promueva similitudes sobre diferencias será su enemiga. Actualmente, se aplican estos mismos métodos. Las Fuerzas Oscuras han diseñado marionetas de odio como Osama Bin Laden. Él es puesto antes los ojos del mundo para promover el odio y para ser odiado, en este caso, junto a las líneas religiosas.

El belicismo es, por lo tanto, su última actividad, la culminación de años de complot y planeación. Con su considerable poder financiero, pueden incitar a las naciones a declararse la guerra unas a otras para hacer incluso más dinero. Este tedioso ciclo ha sido repetido una y otra vez durante los siglos de nuestra actual civilización. En el proceso, aprietan la soga de las ovejas que vienen detrás, despojándolas aún más de sus libertades y derechos.

Usen su imaginación en cuanto a cómo las organizaciones oscuras que poseen las deudas naciones de los países clave pueden ejercer poder e influenciar en los líderes de los países endeudados. Si pidieran solamente a EE.UU. que cubriera su deuda, podrían a ese gran país de rodillas. Entonces cuando ciertos países abren guerra en el nombre de cualquier ideal que puedan citar en ese momento, debemos recordar que están respondiendo a métodos de fuerza más allá de sus propios límites.

Por lo tanto, cuando analizamos las guerras generadas en estos tiempos, podemos concluir que ambos lados esencialmente están del mismo lado, el de la oscuridad. Nuevamente enfatizamos que las Fuerzas Oscuras no tienen nacionalidad. Simplemente se aprovechan de la división y del conflicto en el mundo para crear las guerras. Y si una nación combativa potencial está renuente de llevar a cabo la guerra, estas fuerzas crearán las condiciones y las justificaciones ¡a fin de que la nación quiera ir a la guerra!

Cada guerra es una batalla entre la luz y la oscuridad. Las fuerzas oscuras manipulan a los combatientes hacia la guerra utilizando cualquier palanca financiera y sofismo para incitarlos. Estas guerras "falsificadas" tienen éxito si no tomamos la postura correcta, ya que por ley cósmica, damos nuestro consentimiento si nos quedamos en silencio y no decimos, "¡No, es suficiente!" Todos y cada uno de nosotros estando conectados directamente a Dios, podemos permanecer del lado de la Luz e irradiar a las partes en guerra Amor y Luz. Esta es la postura correcta a tomar.

Cuando emitamos Amor y Luz Divinos a los grupos en guerra, el mundo observará cómo sus planes de guerra se alejan, cómo los misiles no dan en el objetivo pretendido, cómo las minas y las granadas no funcionarán y cómo incrementarán los acontecimientos del "fuego amistoso". Los trabajadores en los ministerios de guerra se preguntarán diariamente que están haciendo y la muerte de cada ser inocente causará repulsión a su asesino. Los líderes en guerra, ellos mismos, se empujarán hacia la comprensión de que nunca habrá una victoria de entre la miseria y la adversidad que han causado, y mientras continuemos emitiendo Amor y Luz, las armas gradualmente estarán en silencio. Siempre hay un fin para la guerra.

El Triunfo Final de la Luz

Y así hemos alcanzado estos tiempos hace tanto tiempo predichos en las santas escrituras de muchas religiones del mundo. Es el final de un ciclo en el que la tierra ha decidido ya no soportar esta situación. También es el tiempo en el que las Fuerzas Oscuras recolectarán lo último de su oscuro poder para forjar una última postura, todavía otra guerra mundial, la Tercera Guerra Mundial en los años por venir. Pero esta vez, los Maestros de la Gran Hermandad de la Luz ocuparán este reto final y librarán a la tierra de las Fuerzas Oscuras, de una vez por todas. Es el tiempo en el que el Maestro Sanctus Germanus dirigirá las fuerzas de la Luz hacia una magnífica mejora y la liberación del alma regresará a la tierra por fin. Es un tipo de guerra entre ellas y Él, y todas las almas tendrán que decidir de qué lado de la batalla permanecerán. Esta es la esencia del Armagedón hoy en día.

Una nota sobre la enfermedad y la peste

Durante el Armagedón podemos esperar que las Fuerzas Oscuras recurran a muchos intentos desesperados por volver a ganar su posición en el escenario mundial. Intentarán propagar miedo en las mentes de todos, a fin de que el individuo busque la protección del gobierno.

Durante sus últimos días, se transmitirá en el aire una enfermedad tras otra para intimidar y acobardar a la humanidad. De estos microbios o virus (incluyendo virus para computadora), inadvertidos y misteriosos, los gobiernos y los medios de comunicación aprovecharán la oportunidad para crear miedo e histeria masiva para acobardar a la humanidad y proponer el control del gobierno que prometerá protegerla. La gente asustada no puede ejercer sus libertades y derechos de defenderse. Se vuelve sumisa, una condición ideal por lo que a las Fuerzas Oscuras se refiere.

En pago por esta protección, los gobiernos invadirán el último bastión de la privacidad individual – el mismo cuerpo humano. Los individuos serán sujetos a exámenes y pruebas de sus partes vitales y los pondrán en cuarentena. Todo en preparación para acostumbrar a las personas a ser moderadas.

No es accidente que los orígenes de estas enfermedades siempre sean en lugares exóticos, puesto que lo desconocido siempre causa más miedo.

Escuchamos sobre la gripa asiática, gripa aviar, el virus del Nilo, el SIDA, el ébola, la gripa de Hong Kong y cosas por el estilo, las cuales crean miedo de ciertas razas aparentando ser las que originaron la enfermedad. Divide y vencerás ha sido el lema de estas almas Atlantes por milenios.

CAPÍTULO 7

El Armagedón: Un Proceso Cósmico de Filtrado

Muchos que escuchan la palabra *Armagedón* evocan un panorama de todo el mundo explotando en algún tipo de conflicto mundial y esparciendo pedazos en algún cinturón de asteroides. Muchos cristianos renacidos creen que serán elevados de la tierra en un gran embelesamiento, dejando a los pecadores luchar hasta la muerte final de la tierra.

Otros, optimistas de la Nueva Era, ya han anunciado la llegada de la Era Acuariana, incluso aunque nos revolquemos en el hambre, las guerras y el materialismo. De tal manera que los problemas de la tierra deberían ser tan fácilmente resueltos y con tal finalidad podría ser solamente el resultado de un profundo mal entendimiento de todo el proceso de la evolución humana, ya que como hicimos notar en el Capítulo Uno, nuestro viaje de millones de años está lejos de acabar.

Nuestro panorama del Armagedón difiere considerablemente del actual pensamiento en el que lo vemos más como un proceso de filtrado – separar las taras del trigo, la luz de la oscuridad – en cada poro, nivel y sector de la sociedad humana, ya que el verdadero objetivo del Armagedón es una limpieza general y de gran amplitud diseñada para liberar al plano terrestre de todas las influencias negativas, aquellas de las Fuerzas Oscuras, a fin de que puedan prevalecer todas las condiciones necesarias para el florecimiento de una nueva era dorada, la Era de Acuario.

El Proceso de Filtrado

En este proceso de filtrado, a todos se les dará la oportunidad de poner en práctica a su verdadero ser y aquellos que no sean apropiados para permanecer en el plano terrestre, por sus acciones y creencias elegidas, serán cambiados a otros planetas que están más en línea con su pensamiento. El proceso de filtrado tocará a cada ser en la tierra, sin excepción, puesto que las fuerzas e influencias astrológicas así como también la aceleración en la evolución de la tierra (ver abajo) traerán los verdaderos colores de cada uno. ¿Y cómo sabrán distinguir uno de otro? "Por sus frutos los conoceréis", dijo el Maestro Jesús.

El significado de este proceso de filtrado de gran amplitud es este: habrá disturbio en cada nivel de la sociedad humana hasta que cada piedra haya sido volteada y las características o fuerzas oscuras sean clarificadas. Sus seres más cercanos y más queridos pueden ser afectados y voltearse en contra de ustedes. El hermano se volteará en contra del hermano, el padre en contra del hijo, la hermana en contra de la hermana, la esposa en contra del esposo, el esposo en contra de la esposa y así sucesivamente, hasta que toda la población en la tierra esté purificada.

La Victoria en las Dimensiones Más Elevadas

La batalla final entre la luz y la oscuridad es el proyecto del Maestro Sanctus Germanus. Este gran Maestro de la Gran Hermandad de la Luz ha tomado su lugar como el Jerarca de la Nueva Era, la Era de Acuario. Él guía la batalla. Aquellas almas que estén con Él permanecen en la luz, mientras que aquellas que se le opongan deberán ser desterradas del plano terrestre.

En las dimensiones más elevadas, el Maestro Sanctus Germanus ya ha hundido la espada de la verdad en el corazón del simbólico dragón del mal. Mientras yace aferrándose a la vida, la gigante cola de la bestia moribunda da latigazos de lado a lado periódicamente, y cada uno envía ondas de choque al plano terrestre. Entonces lo que estamos experimentando son las operaciones de limpieza de esta gran matanza. Sí, es desastroso. Sus agentes en la tierra están intentando desesperadamente revertir su inevitable muerte, creando la confusión y el conflicto que sentimos aquí en la tierra mientras luchan por salvarse ellos mismos. Pero la ley cósmica ya ha determinado que su ciclo terminó y que las Fuerzas de la Luz deberán prevalecer en esta batalla.

Tengan confianza en que la batalla ya ha sido ganada en los planos más elevados, es por esto que podemos estar tan seguros del resultado en la tierra. Tan doloroso como pueda ser, sin embargo, las batallas finales tendrán lugar en la siguiente década.

Aceleración de la Evolución de la Tierra

¿Se han dado cuenta de cómo pasa el tiempo en

estos días? Los días, las semanas, los meses y los años parecen pasar como rayo. Casi en un mes, despiertan para darse cuenta que comienzan uno nuevo. Y así desde el punto de vista del tiempo, comienzan a percibir que los eventos de la vida tienen lugar a un paso acelerado.

Cuando el reloj marcó la medianoche el 31 de diciembre de 1999, la tierra dio un giro hacia un modo acelerado de evolución. Grandes Seres Cósmicos interesados en la tierra decretaron esta aceleración. ¿Tuvo el planeta algún poder para resistir? Ciertamente no. El alma de la Tierra es orgánica, está viva y también está en el proceso compostura. La Tierra y otros cuerpos planetarios no son más que los vehículos, los cuerpos, de grandes almas que los habitan. Cada planeta tiene un espíritu, un ser en proceso de evolución que está colocada en el alma en el conglomerado físico. Por lo tanto, cada planeta tiene su naturaleza, su cualidad así como ustedes. Entonces, cuando los Grandes Seres Cósmicos se asociaron con el planeta tierra determinaron que estaba demorando su evolución, ellos simplemente dijeron, "Muévete un poco más rápido", y la tierra obedeció y aceleró.

Por designio cósmico, la aceleración de la tierra también sirve como *agente provocador* de los eventos del Armagedón – un catalizador que comienza la reacción en cadena en la batalla final entre la Luz y la Oscuridad en cada nivel de la sociedad. La tierra se transforma como en un tren bala encaminando a una iluminación más elevada. La brillante luz al final de túnel perturba a algunos. Se alejan de ella y no quieren ir ahí. Entonces aquellos que no puedan tomar la luz deben bajarse y encontrar otro tren más adecuado para su estado de ánimo en este momento.

Estas buenas almas inocentes que solamente buscan ese gran objetivo de liberar sus almas a fin de poder florecer, alegremente permanecen en el paseo a alta velocidad, puesto que saben que cuando alcancen ese destino de luz, todas habrán llegado ahí porque así lo quisieron. ¡Y qué gran alegría es viajar con esos con quienes ustedes son compatibles!

Efectos Generales de la Aceleración

La aceleración produce un estado de locura en la tierra, en resumen, un alboroto. Una tempestad. Un vendaval. No será fácil en los siguientes años por venir. Aquellos en la tierra que casi estaban esperando hasta ahora, comenzarán a darse cuenta de que van un poco atolondrados. El efecto de la aceleración es como ordenarle a un conductor que apenas puede mantener su auto en el camino a 25 millas por hora que de repente acelere a 100 millas por hora. ¡Perderá el control y se saldrá del camino!

Una suegra repentinamente fracasa ante su querida nuera, su hijo se vuelve introvertido y se involucra excesivamente en la computadora, una hija le contesta bruscamente a su madre, el padre riñe con su hijo y viceversa, su querido esposo de repente se vuelve frío y poco comunicativo y un viejo amigo ya no quiere verlos. Ustedes mismos, pueden verse gritándole a un empleado de la tienda o furiosos con otro conductor interrumpiendo en frente de ustedes y después se preguntarán qué los motivó a hacerlo.

Estas manifestaciones de locura son de la variedad más benigna. Tocan a todos, ya que todos están algo "nerviosos". Esto es debido a una ligera y temporal desconexión entre la mente consciente y el alma, debido a la velocidad de las cosas y a la falta de control de conciencia para realinearse uno mismo con el alma en meditación u oraciones. Estas señales benignas del Armagedón afortunadamente son temporales.

Cuando sus seres más queridos y más cercanos muestran esta locura o desequilibrio temporal del cuerpo mental, lo primero que deben hacer es averiguar hasta qué grado deberían ustedes estar fuera de la distancia de choque mientras ellos están en ese estado. Considérenlos histéricos. Ellos pueden hacer cualquier cosa y son impredecibles. Deben cuidarse ustedes mismos, pero al mismo tiempo, no pueden culparlos. Tampoco es necesario que ustedes se hagan los mártires y piensen "¡Oh, me contestó!" Él o ella quizá solamente les contestan de golpe o dicen algo que es igualmente impactante y que causará una desunión en su relación. Sí, tal vez en un momento estuvieron en buenos términos con esta persona. Entonces de repente, él o ella comienzan a actuar de forma bastante grosera con ustedes. ¿Qué han hecho mal? ¡Nada!

Sepan que la situación es temporal y esperen que la relación eventualmente se restaure; para empezar, si en verdad había verdadero amor y respeto en la relación. Aprendan a ser buenos vigilantes. Si deben alejarse de la presencia de alguien porque hay algún peligro por quedarse, entonces háganlo. No lo duden cuando sientan que no hayan hecho algo para obtener ese trato. Pero si han hecho algo malo, deberán admitirlo. Pero cuando son insultados, menospreciados o ignorados sin ninguna buena razón o de repente alguien con el que pensaban que estaban en buenos términos los trata como a un extraño o peor, es hora de averiguar si la situación es una de locura temporal. Entonces aléjense del alcance de fuego durante este período temporal.

Malignas Manifestaciones de Aceleración

La aceleración también afecta a aquellos que albergan formas más malignas de criminalidad. Se manifiestan olas de crímenes. Un estudiante enfurece en una secundaria y acribilla a sus amigos con una metralleta. Otro estudiante hace lo mismo en otro país. Repentinamente, mujeres jóvenes son raptadas en varias partes del mundo. O asesinos seriales comienzan a acechar mujeres en varios países. O peor, francotiradores eligen víctimas inocentes al azar con sus rifles. Los esposos acechan a sus ex-esposas y les disparan a sus propios hijos. Las madres golpean a sus bebés hasta que sucumben. Las esposas persiguen y atrapan a sus infieles maridos con el carro familiar. Esto es un alboroto pero es sintomático de los tiempos en los que estamos.

Más crímenes atroces salen a la luz tales como asesinatos múltiples, asesinatos en masa, limpiezas étnicas, tortura en masa, guerras y cosas por el estilo. Aquellos individuos que se inclinan hacia el crimen y que están escondidos y asechando repentinamente ya no pueden aguantar la presión de la aceleración. Enfurecen y se exponen ellos mismos como son realmente. Estos serán eliminados uno a uno de la faz de la tierra.

Viejas llagas religiosas saldrán a la superficie tales como los fundamentalistas islámicos golpeando a sus viejos enemigos cristianos, budistas o hinduistas. Incluso las distintas sectas dentro de una religión contradirán a las otras, encaminando hacia la desunión. Fundamentalistas cristianos blandiendo la ideología de la supremacía de los blancos arremeten contra sus hermanos negros, mientras que otra secta ataca a los judíos por la crucifixión de Jesús. Todas las diferencias religiosas salen a la superficie, algunas resultan en conflictos externos, mientras que otras resultan en sanación.

Los políticos, las figuras públicas o entretenedores que presentan una cara al mundo pero que esconden prejuicios o agendas de naturaleza menos noble, de repente se verán soltando abruptamente sus verdaderos sentimientos y exponiendo sus prejuicios, sus maléficas intenciones o su indiscutible estupidez frente a las cámaras o en público. Los líderes mundiales se contradirán los unos a los otros, las alianzas internacionales terminarán separadas por el desacuerdo y la presunción, las naciones amigas se voltearán las unas a las otras tras bambalinas. Muchos líderes caídos se preguntan cómo lograron perder el control de sus lenguas, no obstante se han expuesto ellos mismos. Su antiguo poder para bloquear o sabotear los programas que benefician a la humanidad o fascinan al público afortunadamente está impedido.

De nuevo, estas son señales del Armagedón, el proceso de depuración de huevos podridos.

El Proceso de Despojo Macro Económico

En marzo del 2000, reaccionando a la aceleración, la bolsa de valores de Nueva York de repente se desplomó después de casi una década de desatada especulación. Otros mercados y bolsas alrededor del mundo actuaron igual y continúa una fusión mundial de estas torres de finanzas. Las Fuerzas Oscuras anticiparon un desplome eventual de los mercados financieros pero tal vez fueron tomados por sorpresa por la repentina caída. Como el dragón agonizante en las dimensiones superiores, estas bolsas de valores luchan por recuperarse, solamente para ser golpeadas por nuevas caídas. Arriba de nuevo, después más abajo su valor cayó por la resbaladilla. Las Fuerzas Oscuras bombean enormes sumas de dinero hacia los mercados para crear una ilusión de recuperación. El inocente inversionista, pensando que lo peor ya pasó, vuelve rápidamente al mercado, mientras que las Fuerzas Oscuras drenan las acciones de estos ingenuos y huyen. Nuevamente el mercado cae llevándose consigo más efectivo invertido. Es obvio que las Fuerzas Oscuras intentan mantener a todos con ellas mientras les quitan el último centavo de todos los negocios de grandes ganancias que han creado.

En un salón secreto en el centro de Europa, los poderosos líderes detrás de estos ignorantes individuos traman todavía más guerras, concentrándose en el volátil Medio Oriente. Estas guerras, como mencionamos anteriormente, no son más que eventos manipulados y orquestados. No incluyen una nación recta peleando en contra de las malvadas. Ambas, uno podría decir, que están del mismo lado, pero no es más que un juego. Pero durante estos tiempos, estos juegos saldrán de sí cuando la luz de la Hermandad esté dirigida hacia estos eventos.

Las guerras están coordinadas con el colapso de las bolsas de valores en donde las Fuerzas Oscuras toman pequeñas posiciones sólidas para obtener tanto dinero como sea posible de los mercados cuando caen. Una victoria de guerra produce un falso sentimiento de bienestar del lado de la victoria y la euforia causa que los mercados se regocijen y suban. En el brusco cambio ascendente, más inversionistas inocentes ponen su poco efectivo en los mercados de valores esperando recuperar sus pérdidas de la baja anterior. Las fuerzas nuevamente venderán (a bajo precio) sus excesivamente caras acciones a estos inocentes inversionistas y a los fondos de inversión para obtener más dinero cuando las bolsas de valores caigan nuevamente. Los inversionistas, que nunca aprenden y siempre son engañados, nuevamente pagarán las consecuencias con acciones sin valor.

Con cada caída, las compañías que confiaron sus acciones para tener activos en sus estados de cuenta serán golpeadas y eventualmente caerán en bancarrota. Las mismas bolsas de valores se reducirán mientras más y más inversionistas sean sacrificados. Los líderes del mundo de las agencias corredoras de la bolsa cerrarán uno por uno sus puertas y el banco de inversiones se marchitará por la falta de negocios. Los bancos caerán, uno después de otro, cuando su arrogancia ceda el paso a revelaciones de actividades que serán su perdición. Los fondos de inversión no regulados cerrarán sus puertas, y sus airados inversionistas invadirán sus oficinas vacías solamente para encontrar que alguien se ha llevado trillones de dólares de los ahorros de su vida.

Mientras el dragón muere en las esferas superiores, están siendo asesinadas estas sobre capitalizadas torres financieras que controlaron tanto el sistema financiero mundial. En otros cinco años más o menos serán enviadas al pozo de donde vinieron.

Pero aquellos que planearon y perpetraron estas instituciones tanto tiempo como pudieron, terminarán tomando trillones de las personas y guardándolos en las cuevas de la iniquidad.

Con los mercados de capitales virtualmente aniquilados, las grandes y pequeñas corporaciones comenzarán a desinflarse. Estas corporaciones están excesivamente en deuda de sus especulaciones en las bolsas de valores y derivados, que sus acreedores, sobre todo los bancos, se verán forzados a embargar sus bienes. Sin parar, la espiral deflacionaria gradualmente exterminará negocio tras negocio dejando solamente a aquellos que fueron lo suficientemente sabios para resistir endeudarse o a aquellos negocios que abastecen a los servicios de subsistencia más sencillos.

Cuando los negocios cierren sus puertas, millones perderán sus trabajos y después sus casas y posesiones. Los precios bajarán como consecuencia y la deflación causará que incluso más negocios cierren. Entonces los bancos estarán tan agobiados por una "deuda no ejecutada" que ellos mismos se hundirán.

El mundo entero se hundirá en una seria depresión económica. Aquellos del así llamado mundo avanzado y desarrollado serán más duramente golpeados, mientras que aquellos que han estado retorciéndose en la pobreza durante estos años de inflación verán muy poca diferencia de su lado, puesto que ¿cómo podrían ser más pobres? La gigante burbuja económica que se infló en los pasados cincuenta años y que viajó en las desigualdades entre el norte y el sur, los desarrollados y los no desarrollados explotará.

Finalmente, el ciclo finalizará. Siempre recordando

que en cada guerra durante este período, las partes en guerra están del mismo lado y son manipuladas para declararla a fin de que las Fuerzas Oscuras puedan obtener más ganancias, pero la luz de la Hermandad brilla siempre intensamente sobre la situación, dirigida ahí por las almas buenas de la tierra. Como dos jóvenes adolescentes que comienzan a "jugar alborotadamente" y eventualmente terminan peleando, las partes en guerra se verán envueltas en su propia locura y se destruirán así mismas. Los mercados tendrán su desplome final. Esta vez, incluso el dinero que las Fuerzas Oscuras inviertan en los mercados fracasará en reavivarlas, puesto que el dinero ya no tendrá ningún valor. La economía mundial permanecerá en silencio. Los ignorantes habrán acumulado mucha de la riqueza mundial de su lado, solamente para darse cuenta de que la riqueza no tiene valor ya que las divisas se colapsan.

Estado de Despojo para Cambiar la Humanidad

Si la humanidad permite que el proceso de desalojo se lleve a cabo sin protestar, y este parece ser el estado actual de conformidad en masa, entonces quizá una vez que no les quede nada, tal vez estén listos para escuchar a su Dios Interno. Ninguna fuerza puede arrebatar el alma, aunque algunas lo han intentado. Ninguna fuerza puede robarse la inteligencia de uno, la voluntad de uno para vivir, el conocimiento y la esencia espiritual de uno. Despojada de todos los enseres materiales, la humanidad descubrirá el aroma de la rosa, las gotas de rocío en las hojas, la brisa marina que flota del vasto océano.

La comunidad, la auto-ayuda, la cooperación mutua,

El Armagedón: Un Proceso Cósmico de Filtrado

la creatividad, un verdadero sentido del dinero y sus usos, el trueque, y más que nada, la sustancia del alma que el Dios Interno puede proporcionar mantendrá a las verdaderas almas de la tierra en marcha mientras las torres de las Fuerzas Oscuras se desmoronan a su alrededor.

Las personas se detendrán a escuchar las nuevas enseñanzas de la Hermandad que vendrán de los trabajadores de la luz ya establecidos a lo largo y ancho del mundo. Cuando las comunidades se reúnan para sobrevivir, el último residuo de las Fuerzas Oscuras tendrá que ser expulsado de la tierra pero no sin una última lucha.

Las Burocracias Amenazadas Recurren a la Guerra

Sin trabajos, sin negocios, sin ahorros y además sin una base de impuestos para explotar, los recaudadores de impuestos se reducirán considerablemente. Las burocracias perderán su única fuente de sustento. Aquellos en los rangos inferiores de las burocracias, que pensaban que tenían un trabajo seguro para toda la vida, perderán sus trabajos. Aquellos de los niveles altos pelearán para sobrevivir, para preservar el enorme negocio de grandes ganancias que les ha servido tanto. Muchos ministros y servicios del gobierno serán reducidos por la falta de recaudación de impuestos.

Hoy en día, el mundo es testigo de numerosos ejemplos en los que las burocracias de países empobrecidos literalmente se han marchitado por la falta de recaudación de impuestos. Los recaudadores de impuesto ya no pueden exprimir más dinero de la gente pobre por miedo a la insurrección o por sus propias vidas. No obstante, aún en un mundo empobrecido, la burocracia todavía mantiene su derecho de expedir permisos y crear burocracia para aquellos a los que se propone servir. Con tan solo salarios esporádicos, los burócratas recurren a pagos por debajo de la mesa para la expedición del papeleo más mundano tal como las licencias o los permisos. Cualquier cosa que alguna vez se haga en la burocracia es entonces el resultado de tarifas privadas pagadas a burócratas clave. Eventualmente, la población se da cuenta de que hay poca semblanza de refuerzo de estas regulaciones, y los ministerios vacíos eventualmente pasan a ser irrelevantes.

Cuando más y más puertas se cierren en la burocracia, se volverá evidente que aquellos que sobreviven a ser exprimidos para los impuestos serán aquellos que atracaron las estructuras gubernamentales años antes. Las fuerzas militares, policíacas y de inteligencia – de nuevo aquellas especialidades marciales tan características de las ignorantes almas Atlantes – tomarán su última posición.

Puesto que carecen de cualquier capacidad productiva propia, dirigirán a guerra para mantener vivas sus burocracias. Las fábricas de armamento tocarán el silbato y pondrán a trabajar a las personas haciendo la guerra. Las guerras y los conflictos que vemos actualmente, simplemente están preparando a la humanidad para un armamento aún más grande y más amplio. El terrorismo, un invento de estas fuerzas, mantiene una nebulosa amenaza internacional en la mente de las multitudes y permite a los verdaderos perpetradores de la guerra que capitalicen sobre esta amenaza que puede ser inventada a voluntad.

El Armagedón: Un Proceso Cósmico de Filtrado

Las fuerzas gubernamentales sobrevivientes intentarán que la gente acepte que la guerra es la única forma de mantener viva la economía, y ciertamente cuando las actividades bélicas estén en acción, las economías de algunos países sonarán. Las oportunidades de trabajo y una recuperación económica traerán a los indefensos de vuelta a las manos de estas fuerzas. Entonces la última postura de las Fuerzas Oscuras estará caracterizada por la potencia ofensiva, la mera aversión de la creación.

Esta vez, sin embargo, la Gran Hermandad de la Luz ha lanzado sus propias fuerzas en la tierra. Nunca antes en la historia de esta actual civilización ha habido tantas reencarnaciones de las almas más nobles y más heroicas en la tierra listas para sostener una batalla en contra de estas fuerzas. Nunca antes la Hermandad ha penetrado a la humanidad con tanta luz e ideas, vertiendo ideas antagónicas de amor y paz a través de la fuerza del Rayo Femenino de la energía de la Santa Madre.

Y despojando a las personas de su bienestar material, las Fuerzas Oscuras encontrarán exactamente lo opuesto a lo que esperan. Se encontrarán de frente a las personas que han tratado de suprimir por muchos siglos, ya que este despojo material dará rienda suelta a la fuerza creadora del universo, el Dios Interior de cada individuo. Cuando la equilibrada fuerza femenina-masculina esté despierta en cada individuo, las multitudes finalmente resistirán a las Fuerzas Oscuras y ya no serán guiados como tantas ovejas. Se darán cuenta de que son dioses y diosas capaces de reconocer las torcidas voces que los llaman a cumplir sus órdenes, y en cambio se atrincherarán y se rehusarán a moverse. "No más guerras. ¡Es suficiente!" gritarán cuando invadan ¡la Bastilla simbólica! Y así se tambalearán los últimos vestigios del imperio de las Fuerzas Oscuras.

Cualquiera que salga en su defensa será derribado, puesto que sobresaldrán por sus intenciones. Ya no serán capaces de esconderse, puesto que la aceleración no solamente las traerá automáticamente a la superficie, sino que también las personas las reconocerán por lo que son. Y una por una serán lanzadas fuera del planeta para nunca regresar. El Maestro Sanctus Germanus y sus discípulos estarán colocados en su lugar para guiar la limpieza.

Algunas Sugerencias Prácticas

Encargarse de la Locura

La locura absorbe nuestro planeta, pero cuando ustedes están atrapados en la niebla, intuitivamente buscan la luz, ya que es su única forma de salir. Ahora saben qué esperar.

Lo que han visto es tan solo el principio. Esperen más locura por venir. Pero sepan esto: no estarán atrapados o perdidos en ella, aunque quizá hayan resbalado temporalmente, solamente un poquito, puesto que uno puede caminar a través de un gran charco de lodo. Sólo porque se han resbalado no quiere decir que necesiten estar empapados de lodo. Recuperen su balance como puedan. Tomen un poco de tiempo libre. Aléjense de lo que sea estresante, pero más que nada, pidan ayuda a los Grandes Señores de la Hermandad, puesto que ellos están esperando ayudar, ya que de acuerdo a la ley cósmica, ¡solamente pueden

El Armagedón: Un Proceso Cósmico de Filtrado

ayudar a la humanidad si ustedes los invitan a través de la oración o invocación!

Mantengan su balance y no se sientan agobiados por la locura que está sobrepasando al planeta. Reconózcanla y cuando parezca que quiera actuar a través de ustedes, también tengan conocimiento de eso. No se avergüencen de eso, ni reprendan a sus seres queridos cuando la exhiban, sino ayúdense los unos a los otros a hacerse comprender lo mejor que puedan.

Sepan que este Armagedón es como un tipo de plaga de una naturaleza muy física que hará que las personas tengan demencia temporal, que enloquezcan, o lo que sea, para arrojar algo a ustedes. Sepan que es temporal, que esto pasa, y más adelante estarán tan felices de tener a sus seres queridos de vuelta, sanos y salvos, ya que para entonces habrán atravesado el cinturón de fotones, que es la causa de la locura que estamos experimentando.

Pero siempre recuerden que mientras la locura sea locura, siempre temporal por supuesto, puede que no sepan lo que están haciendo y pueden golpearlos a ustedes. Así que tengan cuidado. No se pongan ustedes mismos como un blanco, puesto que puede crear una ruptura y un resentimiento que puede llevarse mucho tiempo para sanar. Cuídense.

Si las víboras de la locura los atacan demasiadas veces, no sean tontos y no piensen, "Ah, puedo enfrentarlo. Puedo permanecer aquí para más". ¡Tal ridiculez solamente puede ser recompensada por una lápida mortuoria! Así que no se sobreestimen y no subestimen a la locura. Y más que nada, no subestimen al poder de su Verdadero Ser interno, el cual está íntima y conscientemente tomando el siguiente respiro por ustedes, lo cual es una parte de cada molécula o célula de su cuerpo físico. No se trata de arrojarlos a ustedes, sino de ponerlos a través del nervio de la locura para que descubran que la cordura (que proviene de la palabra *sano* o saludable) es el estado natural y verdadero de las cosas en la cuarta dimensión, en donde deberemos estar cuando el proceso esté completo.

Todo el proceso no deberá llevarse mucho tiempo, quizá unos cuantos años más. Entonces ustedes aparecerán en un mundo sano. Todos ustedes estarán tan felices, ya que todos aquellos que insisten en la actual locura serán barridos del planeta junto con ella.

Problemas de Dinero

Para el 2012 las torres de control económico y financiero se desmoronarán y todos los intentos por salvarlas serán en vano. El mundo experimentará una seria depresión económica que durará varios años. Esta situación será temporal hasta que la nueva forma de economía que ha planeado la Gran Hermandad de la Luz pueda arraigarse en la mente de los hombres. Sin embargo, el desmoronamiento de toda la superestructura económica y financiera significará un poco de caos en sus vidas diarias. Todas las suposiciones acerca de su vida serán desafiadas cuando esas instituciones financieras y gubernamentales que los decepcionan revelen su verdadero color.

Para estar preparados para estos desafiantes tiempos económicos, les sugeriríamos que tomaran las siguientes precauciones:

El Armagedón: Un Proceso Cósmico de Filtrado

1. Compren oro acuñado y monedas de plata, otros metales preciosos y piedras preciosas de colores. Esta es su garantía al 100 por ciento en contra del colapso financiero. Guárdenlas en un lugar seguro que no sea un banco, puesto que las fallas bancarias se multiplicarán. Pocos, si es que quedan, sobrevivirán. Las divisas de los EE.UU. y de otros países se colapsarán así como lo hizo la divisa Confederada después de la Guerra Civil en los EE.UU.

2. Paren de hacer compras innecesarias incluso si su gobierno y los medios los animan a seguir gastando para ayudar a la economía. No es el deber de ustedes salvar la economía gastando sin objeto y endeudándose. Compren solamente lo que sea necesario y vendan por efectivo lo que ya no necesiten en lo absoluto.

3. Si todavía tienen inversiones en acciones, bienes raíces o fondos de inversión, retírenlas inmediatamente y ahorren lo que les queda o compren metales y piedras preciosas con esos fondos. Estas "inversiones" de papel no están destinadas a regresar por mucho tiempo, si es que lo hacen. Lo que salven y conviertan en oro valdrá más en términos de poder de compra cuando la deflación supere la economía.

Además, solamente recuerden que la aflicción y el sufrimiento que observarán son temporales y presagiarán algo infinitamente mejor en la forma de una Nueva Era.

Meditación

Finalmente, cuando la locura absorba a nuestro planeta y la gente despierte y la sienta, buscará su cordura, la cual solamente se encuentra en su divinidad. Algunos de ustedes no están cómodos con la palabra Divinidad porque probablemente no han visitado recientemente a su padre celestial, a su Ser Elevado. Les sugerimos que lo hagan, en sus corazones y pensamientos a través de una meditación regular.

Así que el Armagedón es ese terrible filtro que todos ustedes deben pasar y quizá los sacuda de aquí para allá. Pero no pueden ser atrapados por esta telaraña, ya que sus ojos se han abierto. En cambio, ustedes se deslizarán a través de ella bajo la protección de su Madre Divina. ¡Se deslizarán a través de ella! Ustedes planearán a través de este océano de locura. ESTE ES EL ÚLTIMO GRAN OBSTÁCULO DE ESTE PLANETA ANTES DE QUE ALCANCE SU CAMINO HACIA LA ILUMINACIÓN.

CAPÍTULO 8

El Año 2012

El año 2012, una época que está incrustada en la conciencia en masa de la humanidad, marca el fin de un ciclo de 5042 años en el calendario Maya y el fin de la Era Pisciana. Precediendo a este año de acontecimientos anticipamos los siguientes eventos:

Año 2004: El sistema financiero en el mundo luchará por mantener una semblanza de recuperación, no obstante millones continuarán perdiendo sus trabajos a pesar de la feliz cara que pinte el gobierno para que las personas sigan ignorantes de que el fondo está cayendo. Este también es el año de las elecciones presidenciales de EE.UU. y las Fuerzas Oscuras harán todo lo posible para pintar las cosas del color más rosa para que sea electo su candidato.

Años 2005-06: Esta es la época del desplome abrupto, la disolución del sistema financiero mundial. Todo comienza a desintegrarse. Las divisas de papel sufrirán en gran medida y su valor se desplomará. Este es el año del no retorno. Para distraer a la población mundial de sus infortunios económicos, los gobiernos intentarán diseñar una guerra global, surgiendo muy probablemente del Medio Oriente.

Años del 2007-2011: Estos años serán los más irritantes del Armagedón, puesto que la economía mundial tocará el punto más bajo y el mundo estará en guerra. Hacia finales de este período, es muy probable que domine el cambio, ya que el dólar estadounidense y otras divisas del mundo basadas en el papel se vuelvan instrumentos de intercambio sin valor. Será evidente la gran pobreza material a lo largo del mundo, mucho peor y más extensa que la Gran Depresión de 1929. La humanidad comenzará a escuchar los mensajes de amor y apoyo emanando de la Hermandad y de sus representantes en el plano terrestre e ingerirá ideas nuevas y revolucionarias para la nueva era. No obstante, los agentes de la oscuridad todavía estarán presentes tratando de desacreditar el trabajo de luz y de vender a la humanidad su agenda moribunda hasta que todo el trabajo sea expulsado, de una manera u otra.

Año 2012: El lado de la Luz alcanza su masa crítica, desatando una reacción en cadena que gira la balanza a favor de las Fuerzas de la Luz y transforma la tierra como nunca antes. La Hermandad ha descrito este evento crucial como el gran POP, ya que precisamente ese será el sonido que despertará a todos a su verdadera naturaleza. Las personas voltearán hacia atrás y verán toda la agitación, los agobios y las adversidades durante su vida ¡como parte de un mal sueño! Esta es la promesa.

El 21 de diciembre del 2012, todos los planetas en nuestro sistema solar se alinearán con el sol y la energía que fluye de la fuente solar se disparará a través de la alineación planetaria. Algunos estudiosos de los Mayas esperan que los océanos hiervan, pero una estimación más razonable es que los océanos se calentarán considerablemente ya que se acelerará el derretimiento de las capas de hielo de los Polos Norte y Sur, apresurando así el "cambio" geológico ya en proceso.

Trabajadores de la Luz

En los capítulos anteriores cubrimos a detalle el atroz trabajo de las Fuerzas Oscuras. Sin embargo, al mismo tiempo, los Trabajadores de la Luz estarán ocupados organizando sus respectivas fuerzas para cubrir las necesidades del período pos-Armagedón.

Comenzando en los años 2002-2003, la Hermandad hará un sonido claro para que despierten los Trabajadores de la Luz (también referido por Alice A. Bailey y el Maestro Djwal Khul como el Nuevo Grupo de Servidores del Mundo). Estos Trabajadores de la Luz, que han encarnado por todo el mundo en cada profesión y campo de propósito, se encontrarán en un estado de incertidumbre, a veces entre dos trabajos o solamente preguntándose qué hacer después, cuando llegue el llamado. Algo – una visita a un sitio Web, una palabra vista aquí o allá, un libro, una película – afectará a cada uno e indicará el proceso de despertar.

Los Trabajadores de la Luz, bajo la guía de los Maestros Ascendidos, establecerán trece organizaciones dispersas por todo el mundo. Cada una de estas trece organizaciones formará sucursales a lo largo de su parte del mundo correspondiente, de acuerdo a sus recursos, que despertarán a las personas a la existencia de los Maestros Ascendidos y a Sus actividades en la tierra. Los Maestros Ascendidos verterán mensajes de importancia por medio de médiums y otras formas de comunicación directa que ayudarán a la humanidad a sobrevivir con dignidad los últimos años del Armagedón.

Aquellos deseosos de escuchar y considerar las enseñanzas de estas trece organizaciones y sus sucursales serán testigos de milagros y fenómenos raramente vistos en los pasados dos siglos.

Con cada una de las trece organizaciones responsabilizándose de establecer sucursales, un intrincado nexo de organizaciones mundiales se tejerá a lo largo de la tela de la humanidad, halagando y abriendo la tendencia concreta hacia el fascinante mundo de la Hermandad. Más y más, aquellos durmientes Trabajadores de la Luz o Nuevo Grupo de Servidores del Mundo despertarán y se enlistarán en el trabajo de la Hermandad.

El año 2012 es un año esencial. Aquí las actividades de los Trabajadores de la Luz alcanzarán una masa crítica en contra de las Fuerzas Oscuras, y la reacción en cadena que resulte de los cambios transformarán a la tierra como nunca antes, liberándola para siempre de estas evoluciones negativas.

Seres de evoluciones más elevadas que consideramos extra-terrestres comenzarán a entrar a nuestras condiciones de la tierra. Los Trabajadores de la Luz protegerán y nutrirán a estos seres altamente avanzados cuando propongan soluciones innovadoras de planetas más avanzados a los problemas de la tierra. Muchos que leen este libro actuarán como anfitriones para estos seres maravillosos y recabarán su sabiduría nunca antes probada en el plano terrestre.

Podemos Apresurarnos pero No Podemos Evitar el Proceso

¿Tenemos que esperar hasta el 2012? No, es la simple respuesta. Colectivamente, la humanidad puede presentar este maravilloso día tan pronto como queramos. ¿2008? ¿2010? Puesto que más y más individuos despertarán a los eventos que les rodean y verán que la verdad de toda la agitación actual es, esencialmente, una batalla entre la luz y la oscuridad, ellos serán retirados de la batalla y retirados del camino del daño. Además, cada oración o invocación individual pidiendo ayuda de la Hermandad es enviada como proveniente de un Dios o Diosa, ya que cada individuo es de Dios.

No podemos detener el desarrollo de los eventos de arriba, ya que solamente a través de este proceso de depuración cada individuo puede exponer su verdadero color y verse como lo que es. En cambio, cada oración, cada invocación acelera todo el proceso de depuración a fin de que este cruento desastre pueda limpiarse más pronto y que la Paz, el umbral a la Nueva Era, pueda llegar mucho más rápido.

Así que está en manos de la humanidad. Podemos causar un final a este Armagedón en cuestión de unos cuantos años o podemos sufrirlo por un período más largo. Cualquiera que sea la estructura del tiempo, las fuerzas de la LUZ triunfarán, ya que ¡ya han celebrado su victoria en los planos más elevados!

CAPÍTULO 9

Período de Reconstrucción

Después del gran cambio del 2012, seguirá un período de reconstrucción para preparar a la tierra para su completa entrada a la nueva Era Dorada – la muy esperada Era de Acuario. De acuerdo a algunos astrólogos, el actual comienzo de esta Nueva Era deberá tener lugar entre el 2060 y el 2100. Aquellos que han predicho una entrada temprana a la Era Acuariana pueden ver, por los eventos que enfrentamos hoy en día, que todavía estamos en transición.

Cuando hablamos de reconstrucción, no nos referimos a reconstruir lo que ha sido destruido, ya que es evidente que lo que ha sido destruido no servía a la humanidad. La reconstrucción tendrá lugar principalmente en la mente, basada en un fundamento completamente diferente, a niveles cósmicos.

El despertar a una vida que está libre de las influencias de las Fuerzas Oscuras le quitará una tremenda carga a cada individuo. El cielo lucirá más azul de lo que alguna vez podían imaginar y las flores resplandecerán con tal color titilante y perfume adorables que ya no serán capaces de ignorar. Estarán agradecidos por cada respiro de aire que tomen y se sentirán verdaderamente felices por primera vez. Expresarán un ENORME suspiro de alivio de que el mal sueño haya terminado. Todo lucirá más brillante y mejor. Ustedes lo sabrán cuando suceda, ya que la situación será tan marcadamente diferente de lo que actualmente perciben.

Las personas continuarán haciendo lo que han estado haciendo – ir a trabajar, a la escuela, hacer tareas diarias, visitar amigos – pero con una perspectiva elevada completamente nueva de real optimismo y esperanza de que están al borde de construir un nuevo mundo verdaderamente maravilloso.

A pesar de las desesperadas condiciones económicas, muchos encontrarán alegría pura en la simplicidad. Cambiarán o compartirán las cosas para satisfacer sus necesidades. Las viejas relaciones, si aún están intactas, serán mejoradas y el futuro nunca parecerá más rosa. Muchos continuarán en sus trabajos, pero encontrarán un nuevo significado en ellos. Crearán nuevas oportunidades con sus compañeros de trabajo que no estén basadas solamente en el salario o en la ganancia monetaria, sino en cuánto bien harán sus acciones en común para sus compañeros. Familia y amigos compatibles nos rodearán a todos.

El elevamiento de la negatividad aclarará el aire para el hospedaje de los guías espirituales y elementales que rondan alrededor de la tierra que participan con esa creciente cantidad de clarividentes y clariaudientes encarnados en el plano terrestre. Aquellas almas trabajando en contra de los intereses de la humanidad en el plano astral también serán desterradas y ya no serán capaces de influenciar a la gente telepáticamente.

Los seres evolucionados de los planos más elevados, los Maestros de la Sabiduría, usarán medios telepáticos para guiar a sus iniciados y a sus discípulos de la tierra en su tarea de reconstrucción. Prepararán al mundo para recibir las enseñanzas del venidero Maestro del Mundo en las oleadas de medios de comunicación y en el Internet, principios sobre los cuales la humanidad implementará la reconstrucción.

Pequeños trozos del plan divino para la tierra son revelados con cada día que pasa. Hoy en día, sabemos que su objetivo principal, promovido por su principal exponente, el Maestro Sanctus Germanus, es el de la Liberación del Alma. Toda la humanidad debe considerar este noble objetivo.

Constitución Del Nuevo Mundo

Las Naciones Unidas se habrán desacreditado a sí mismas durante la Tercera Guerra Mundial, y las mentes más grandes y preocupadas en el mundo se unirán para preparar la constitución de un nuevo mundo para la era por venir. De una forma similar a la preparación de la Constitución de los EE.UU., el Maestro Sanctus Germanus transmitirá a la asamblea constitucional los principios que gobernarán a la nueva era. La forma exacta de esta constitución dependerá de la aplicación de las lecciones aprendidas en la era anterior y en lo abierto de las mentes de las personas a las sugerencias de la Gran Hermandad de la Luz.

Construcción de una Nueva Unión Mundial

La reconstrucción de una nueva unión mundial sería el resultado natural de la batalla entre la luz y la oscuridad. El vencedor, las fuerzas de la luz, naturalmente alinearía un nuevo orden mundial con la Jerarquía Espiritual, ya que solamente de esa forma la evolución de la humanidad podría reflejar la ruta más espiritual que habrá tomado la tierra. Establecer al mundo correctamente requerirá de un grupo, que contenga adeptos e iniciados que han trabajado duramente por tanto tiempo en los cuartos traseros del poder, para que influencie a los líderes mundiales. Ellos guiarán telepáticamente a la humanidad en la construcción de un nuevo orden mundial.

Mencionamos que en los años iniciales del Período de Reconstrucción la reeducación de la humanidad en leyes cósmicas y principios sería precedente sobre todas las actividades. La jerarquía que se extiende de la Oficina Instructora del Mundo hacia el hombre de las calles verterá enseñanzas para elevar a la humanidad con conocimiento de los principios y las leyes cósmicas. Los guías espirituales entrenarán a los individuos telepáticamente; los programas de los medios colocarán ejemplos de los principios; los adeptos y sus discípulos llegarán para enseñar en sus nuevas escuelas y universidades arcanas; y los sistemas escolares finalmente comprenderán la base fundamental de todo lo que enseñan.

Una vez que estos principios y leyes cósmicas hayan sido captados y comprendidos por los líderes, la humanidad hará lo que le plazca para reconstruir un nuevo orden mundial. A continuación se dan algunas indicaciones:

El Deceso de la Nación-Estado

El papel de las naciones-estados en las vidas de la humanidad gradualmente se desvanecerá, puesto que saldrán a la luz sus verdaderos colores como un instrumento de guerra. Un invento relativamente reciente, el mundo que vemos actualmente dividido en un par de cientos de naciones-estado resultó de los pasados reinos monárquicos, después de los imperios, y finalmente, la descolonización después de la Segunda Guerra Mundial. Como un estado secular, en una época representó un paso en la liberación de la humanidad de los oscuros conceptos de la iglesia, pero desafortunadamente, tomó otras formas de opresión.

El concepto de la soberanía dentro de la nación-estado, que claramente definió los límites territoriales, promueve un egoísmo a nivel estado que permite a sus líderes oprimir a sus ciudadanos con una gama de técnicas bestiales, incluyendo tortura física y horrores masivos. La soberanía del estado también permite a los líderes controlar y manipular el pensamiento de la gente dentro de sus límites, alimentándolos cuando son buenos y no alimentándolos cuando desobedecen. La completa gama de horrores para oprimir a la humanidad tiene lugar bajo la sombra de la soberanía del estado. Entonces, el concepto de nación-estado una vez pensado para liberar a la humanidad de las cadenas de la opresión religiosa simplemente fue raptado por las Fuerzas Oscuras para promover el "síndrome de la realeza".

En línea con las características Atlantes de las

Fuerzas Oscuras, la nación-estado se convirtió en parte del armamento, habiendo guiado al mundo más veces de lo deseado a la guerra y a la destrucción en proporciones mundiales. Hoy en día, las grandes fuerzas militares son construidas y desplegadas a nivel del estado, y dentro de este poder militar, una nación-estado puede oprimir a otros o forzarlos a declarar la guerra. Incluso las guerras civiles surgen del deseo de crear dos naciones separadas de una. Por lo tanto, la nación-estado ha servido bien a las Fuerzas Oscuras, ya que les proporcionó el vehículo para llevar a cabo sus dos especialidades: la acumulación de dinero (a través de tributación forzada) y el belicismo. *Parte del despertar será darse cuenta de que la nación-estado ya no será útil.* Esto implica que las unidades administrativas estatales, de provincia, distritales y urbanas también pueden ser consideradas obsoletas. Nuevas organizaciones surgirán de sus cenizas durante el Período de Reconstrucción que reflejarán las agrupaciones de la Nueva Era enlazadas a través de avanzadas redes de banda ancha y de telecomunicaciones, fuera de los límites de la nación-estado. Actualmente, vemos cómo el Internet ha dominado muchas áreas de la tradicional jurisdicción de la nación-estado. Más de estas fallas serán aparentes en los años venideros. No podemos decir más en este momento, ya que mucho depende de cómo la humanidad creará unidades alternas colectivamente.

La Ley de la Jerarquía

En ausencia de las viejas instituciones de dominación Atlante, la Ley cósmica de la Jerarquía entrará y llenará el vacío. Será evidente que el universo está y siempre ha estado organizado en una jerarquía para preservar la sabiduría que debe ser transmitida de seres de inteligencia superior a las multitudes humanas. Surgirán nuevas formas de autoridad en línea con la Ley de la Jerarquía cuando la Jerarquía Espiritual se extienda visiblemente hacia el plano terrestre. La preservación de esta estructura asegura la calidad y la pureza de sus enseñanzas.

Si está alineada con los principios y leyes cósmicas, la nueva orden mundial sería necesariamente una extensión de la Jerarquía Espiritual de la Gran Hermandad de la Luz, ya que la marcha ascendente en la evolución espiritual individual necesariamente debe seguir el camino resplandecido por las Hermanas y los Hermanos, los Maestros de la Hermandad. Cualquiera que sea el nivel en que nos encontremos en la jerarquía del nuevo mundo del Período de Reconstrucción y eventualmente la Era Acuariana, el camino de la liberación final del alma ya ha sido trazado para nosotros.

Re-Educación de la Humanidad: El Maestro del Mundo Aparece en el 2020

El Maestro Sanctus Germanus una vez dijo, "Si ellos lo conocieran mejor, lo harían mejor". Esta afirmación suena con la esperanza de que la humanidad, dada la educación apropiada en los principios y leyes cósmicas y su aplicación a la vida en la tierra, pueda reconstruir un mundo adecuado para la Era Acuariana. Ciertamente, el principio del libre albedrío deberá aplicarse y la humanidad tendrá todavía otra oportunidad para que aprendan bloques de sabiduría para construir la Nueva Era Dorada.

El Maestro del Mundo previsto en cualquier forma será protegido por el Logos Planetario, el Señor del Mundo, el Anciano de los Días, el Señor Sanat Kumara. El Maestro surgirá con anticipación como un extraordinario ser con extraordinarios talentos y habilidades. Él o ella comenzará a enseñar la Palabra de la nueva Era Dorada en el año 2020, si todo va de acuerdo al plan.

Estas enseñanzas emanarán del departamento del Cristo o Maestro del Mundo y habrán sido distribuidas telepáticamente a discípulos receptivos precediendo al período de reconstrucción. Un núcleo de discípulos y trabajadores encarnados ya está en su lugar y habrá sido entrenado para reforzar las enseñanzas del Maestro de Mundo cuando se viertan telepáticamente así como también a través de las redes de comunicación masiva para reeducar a la población de la tierra.

Las comunicaciones serán vitales en la reconstrucción de las instituciones terrestres. Durante el furor del punto.com de 1990, una masiva infraestructura de comunicaciones de fibra óptica fue colocada sobre el fondo del mar uniendo a todos los continentes. Esta red es la idea original del Maestro Sanctus Germanus, y en el fondo del mar, permanece protegida de la agitación del Armagedón. En el momento adecuado antes del despertar, esta red será reactivada y seguirán nuevas oleadas en la tecnología de Internet de banda ancha que harán que los avances de hoy en día parezcan bastante primitivos. Cada aparato de televisión y computadora será capaz de conectarse a esta red de comunicaciones de alta velocidad. Esta tecnología de Súper-Internet jugará un incalculable papel unificador en los años de reconstrucción por venir.

Además, a lo largo del período del Armagedón, los sistemas inalámbricos de telecomunicaciones satelitales permanecerán intactos. Estos maravillosos sistemas de comunicación darán lugar a una forma de Internet verdaderamente avanzada que enlazará todos los rincones del mundo de una forma nunca antes conocida. Es la precursora del principio de unidad. Incluso ahora, es posible acceder al mundo por medio de Internet, pero el futuro traerá posibilidades aún más grandes, a fin de que los individuos y grupos de individuos interactúen con gran facilidad con contrapartes similares alrededor del mundo. La información ya no será el monopolio de los grandes sistemas de difusión.

Un individuo será capaz de producir una película y difundirla de una forma más eficiente que el actual modo de distribución. Piensen en las comunicaciones inalámbricas y cómo la gente hoy en día lleva sobre su persona la confección de computadoras completas y comunicaciones instantáneas bajo radiofrecuencia. No habrá necesidad de incómodos cables. Serán capaces de llevar su computadora a cualquier parte del mundo y todavía permanecer conectados a Internet. Estas formas de comunicación instantánea son las precursoras de las comunicaciones telepáticas que vendrán.

La altamente sofisticada red de fibra óptica y los sistemas inalámbricos de telecomunicaciones esperan la llegada del Maestro del Mundo, ya que esta vez Él no necesariamente viene en forma de hombre, como Jesús o Buda, sino más bien como una serie de principios gobernantes cósmicos que serán difundidos en todas las formas de presentación de los medios – películas, programas de pláticas, clases educativas, juegos y cosas por el estilo – hacia los lejanos rincones de la tierra en esta red de comunicaciones de banda ancha. El grado al cual la humanidad absorba estos principios determinará el grado al cual la sociedad humana puede continuar en unidades auto-gobernantes, bastante diferente a las estructuras de gobierno preponderantes de la era Pisciana.

Aquellos que están a cargo de la difusión de estos principios ahora están siendo entrenados para esta tarea.

Sería natural, dada nuestra experiencia durante el Siglo Veinte, que de buena gana deban evocar visiones del Gran Hermano sobrellevando y lavándole el cerebro a la población. Sin embargo, cuando imaginen un mundo desprovisto de las Fuerzas Oscuras, no habrá opresión o dominación involucrada en el uso de estos sistemas para la iluminación de la humanidad.

Los principios del Maestro del Mundo emitidos a través de Internet serán los que gobiernen el universo. Son poderosos principios respaldados por el Amor y la Voluntad de Dios. Y hasta ahora, a lo largo de los millones de años pasados, ¡el universo lo ha estado haciendo bastante bien y ha estado en buenas manos! "Por sus frutos, los juzgaréis". Las enseñanzas del Maestro del Mundo serán juzgadas en base a cómo proporciona al alma individual su camino hacia la liberación.

La tierra debe caer en alineación con los otros planetas bajo este sagrado gobierno, ya que eso que causa que cada átomo gire alrededor de su propia esfera en total armonía con el resto de la creación debe prevalecer en la tierra.

La Reconstrucción de la Sociedad Humana: El Regreso al Seno de la Tierra

En el capítulo anterior mencionamos la aceleración que está atravesando el planeta para ponerse al corriente con su programa evolutivo. Nosotros, como habitantes de la tierra, somos llevados junto con esta ola de aceleración y somos, en un sentido, forzados a evolucionar con la tierra o a quitarnos del camino. Aquellos que permanezcan en la tierra después del Armagedón habrán elegido quedarse, moviéndose con la tierra hacia una gran luz. Habrá muchos que elegirán no quedarse y se pasarán a otras evoluciones en el universo.

Puesto que el gran LOGOS, el espíritu que habita el cuerpo de la tierra, habrá evolucionado más junto con su camino, aquellos que permanezcan en la tierra encontrarán muchas de las respuestas a su individual búsqueda evolutiva en la tierra. Habrá un des énfasis del área urbana y un regreso a la tierra. La gente, como lo pone uno de los Hermanos, rascará la tierra con sus pies para encontrar la sabiduría que estuvo ahí en el pasado. Durante la gran depresión económica del Armagedón, la escasez de alimentos habrá conducido a las personas fuera de las ciudades para buscar suministros estables en el campo. Más personas iniciarán la agricultura y la jardinería para suplementar sus mesas, y sus hijos volverán a tomar parte del difícil pero satisfactorio trabajo de cultivar comida. Esta tendencia pondrá a la gente otra vez en contacto con la tierra y más cerca de su salvación. Las torres de la ciudad no tienen la respuesta a la liberación del alma humana.

Parte de lo que la tierra traerá a nuestro entendimiento es que TODAS las llamadas religiones étnicas son válidas, ya que la Gran Hermandad de la Luz colocó dioses y diosas en diferentes partes de la tierra para un propósito específico - comunicar a aquellos que viven en esas ubicaciones la sabiduría antigua a nivel que pudieran entender. No obstante por siglos, otras religiones más agresivas, principalmente el cristianismo y el islamismo, raptadas por las Fuerzas Oscuras, sistemáticamente destruyeron a esos dioses y diosas terrestres e impusieron su marca de creencia sobre otros. TODAS las creencias y religiones étnicas serán renovadas y permitirán a la humanidad volver a encender su contacto con la tierra. Después de un período de tiempo, se darán cuenta de que todas estas creencias étnicas ciertamente vienen de la misma fuente, el Dios Todopoderoso.

En la dimensión espiritual, actualmente hay un comité de antiguos líderes religiosos trabajando diligentemente para armonizar las sagradas escrituras de las indómitas religiones de la tierra para que TODAS las religiones y creencias eventualmente se vuelvan UNA religión mundial, enseñada por el Maestro del Mundo. Entre más cerca a la tierra se vea la humanidad, más cerca estará de darse cuenta de que solamente hay UNA religión.

No Más Ciudades Autoritarias

Muchas de las grandes ciudades que florecieron como centros financieros del mundo disminuirán considerablemente en tamaño e influencia. Algunas áreas económicas secundarias tales como Canadá y Sudamérica emergerán como centros de aprendizaje, de cultura y de arte y guiarán al mundo en su curso para la reconstrucción. La gente ya no será forzada a agruparse en las ciudades por las oportunidades porque lo que están buscando estará disponible en sus hogares por medio de formas más avanzadas de Internet. En otras palabras, no se les obligará a vivir en áreas urbanas para sobrevivir y estará disponible para toda la libre elección de dónde quieren vivir.

Las comunidades se unirán para reconstruir sus diferentes localidades. La destrucción del Armagedón habrá sido muy selectiva y apuntada a eso que no servía a la humanidad. Todo lo que sea útil sobrevivirá. Mucha de la presencia gubernamental preponderante ya no existirá ya que se marchita por la falta de relevancia y de recaudación de impuestos. Las personas, por lo tanto, establecerán organismos de auto-gobierno a nivel local, y para su gran sorpresa, se darán cuenta de que pueden seguir adelante sin la estructura gubernamental sobre capitalizada encima de ellos. Se darán cuenta de que sus gobiernos realmente estaban haciendo poca cosa para ayudarlos, excepto abrumarlos con impuestos y drenarles sus recursos con sus actividades no productivas. La libertad del yugo de los gobiernos y sus insaciables necesidades serán unos de los sellos del Período de Reconstrucción.

¿Por qué se debería mantener la ley y el orden entonces? En el Período de Reconstrucción, la tierra se deshará de aquellos elementos que causaron demasiado enfrentamiento y conflicto que trajeron enormes estructuras policíacas y de defensa para dominar el gasto gubernamental. Con estos elementos eliminados, la policía y la milicia serán reliquias del pasado y, en cambio, la gente será guiada por principios. Regresará el concepto del solitario sheriff.

Las comunidades reconocerán la necesidad de mantener la infraestructura esencial de transporte, de comunicaciones y de educación en sus respectivas ubicaciones y coordinarán una con otra para interconectar unas con otras. En cuanto a las infraestructuras nacionales sobrevivientes tales como las súper autopistas y los pasajes aéreos y marítimos, las comunidades tendrán que decidir si estas son ciertamente necesarias para la final realización de la liberación del alma. Cuánto consumismo haya, finalmente dependerá de la orientación de la humanidad, una elección que se le habrá dado una vez más. ¿Habrá necesidad de transportar miles de contenedores de bienes como lo hacemos ahora o desempeñaremos nuestras habilidades dadas por Dios para que lo que pensemos se haga existente? ¿Nuevamente nos desplazaremos confiando en grandes máquinas de transporte como trenes, aviones o barcos, o desarrollaremos nuestras habilidades innatas para aparecer instantáneamente en los lugares que deseemos estar – a través del viaje astral? Estas son las asombrosas elecciones ante la humanidad en la Nueva Era.

Bases de la Estructura Grupal

Durante los siglos pasados, la comunicación con los llamados muertos en el vasto plano astral nos dio una idea de cómo podía estar organizada la vida en la tierra. Los testimonios de aquellos que han dejado el cuerpo pero que aún residen en un más refinado cuerpo físico (etéreo), inadvertido para los cinco sentidos físicos, revelan la vida sin el trabajo de ganar suficiente dinero para pagar la renta y alimentar a los niños. Estas señales nos muestran una vida en la que solamente necesitamos pensar en una casa Tudor para vivir y ya o tomar el té de la tarde y ya, etc.

La humanidad como un todo puede no alcanzar este nivel de desarrollo, pero tal avance en la evolución espiritual es alcanzable. La reeducación de la humanidad reorientará la perspectiva y las metas del hombre hacia las habilidades innatas generadas del Dios Interno. Se modelarán a sí mismos contra nuevos héroes en lugar del hombre de los cigarros Marlboro, cantantes de rock o magnates. Los Maestros de la Sabiduría de la Gran Hermandad de la Luz servirán como ejemplos de lo que las almas individuales pueden lograr mientras todavía estén en el plano terrestre.

Todas las instituciones que NO sirvan al interés de la humanidad serán destruidas en el período del Armagedón. En línea con la Ley cósmica básica de la Atracción, aquellos de vibraciones similares se unirán para formar grupos tan extensos y variados como puedan imaginar, no obstante todos afirmarán su fuente en la Divinidad. Los individuos casi instantáneamente serán puestos en contacto con aquellos con los que son más compatibles de forma más natural. El gran complejo de ideas que confecciona la creación de Dios todavía está más allá del limitado razonamiento humano, pero los grupos que confeccionará la sociedad humana reflejarán la múltiple diversidad de la Creación.

Puesto que es el nivel vibratorio de las almas lo que

atrae a los individuos, no habrá conflicto dentro de los grupos. No solamente estarán en armonía los niveles vibratorios de cada grupo, sino que su propósito específico de acuerdo al plan divino también estará en sincronización con sus niveles vibratorios. Todos y cada grupo estarán impregnados con el propósito divino cuando las nuevas enseñanzas del Maestro del Mundo inunden la conciencia masiva de la humanidad. Aquellos que se resistan a estas tendencias simplemente tendrán que cambiar de planeta.

La Restante Resistencia Humana

Para el año 2012, la masa crítica del lado de las almas buenas e inocentes en la tierra permitirá a la humanidad reconstruir la tierra en línea con la equilibrada integración de las energías tanto masculina como femenina. Su entendimiento en ese punto de los principios más elevados ya no será más elevado que el momento antes del gran pop. La principal diferencia será la ausencia de las Fuerzas Oscuras que hicieron la vida muy difícil en todos los propósitos.

Esto no implica que todos estarán de acuerdo unos con otros en el tiempo de la reconstrucción. Así como la estructura jerárquica está basada en el desarrollo espiritual individual, existirán diferencias en inteligencia y en niveles de entendimiento entre los individuos. Las diferencias, sin embargo, no se traducirán a la dominación de uno sobre otros. Las discusiones sobre política o decisiones de la comunidad tomarán un sabor diferente, uno de edificación constructiva, con cada voz sumándose constructivamente para la formulación de la política en lugar de hablar mal, de tener posturas políticas y del sabotaje sin reservas que frecuentemente caracterizan el proceso político de hoy en día.

En esta nueva atmósfera, el hombre todavía debe enfrentar las debilidades y fuerzas dentro de sí mismo. Ya no será capaz de culpar a otros o de culpar a las circunstancias negativas. Las nuevas condiciones puestas ante él favorecerán su crecimiento espiritual, SI elige ese camino. El principio de libre albedrío permanece intacto, pero las opciones serán más sutiles. Ya no habrá manipulaciones de golpe o lógica torcida para lo bueno y lo malo emanando de las fuerzas negativas para confundir a la humanidad. La única confusión que permanecerá estará en el interior del hombre mismo y, si escucha a su alma, el camino para salir de esta confusión será obvio.

Así entonces, una de las tareas principales en las etapas iniciales de la reconstrucción es reeducar a la humanidad para que mire hacia el interior, hacia su alma y que explore el **espacio interno,** el cual es en esencia la realidad de todas las cosas.

Cambios Transicionales

Los vestigios del mundo actual gradualmente se reducirán con el tiempo. Llegará un tiempo en el que el dinero, los bancos y la economía ya no existirán como los conocemos actualmente. Cuando avance la liberación del alma, la humanidad ganará las habilidades para cubrir sus necesidades mentalmente. Será capaz de invocar a la Voluntad Divina para cubrir sus necesidades, muy parecido a la dimensión etérea que ronda sobre la física. Si el alma del individuo decide cierta casa, puede "decretarla" para que sea. Si otro prefiere vivir bajo las estrellas, esa es su elección. La libertad final llega cuando el alma individual verdaderamente puede hacer lo que desea sin lastimar a su vecino.

Tal organización libre solamente puede existir en planos materiales más elevados, como el plano etérico. La humanidad descubrirá esta visión etérea y la habilidad para prosperar en ese plano, mientras que los vestigios de las densas instituciones del mundo físico tendrán que servir a sus necesidades. Sin embargo, sin los inherentes conflictos y barreras en la presencia de las Fuerzas Oscuras, la humanidad será testigo de una evolución rápida y exacta como nunca antes.

La Resolución del Hambre

Como parte de la evolución de la tierra hacia un ciclo más elevado, las condiciones climáticas durante el Período de Reconstrucción favorecerán a los cultivos. El alimento crecerá abundantemente a lo largo de la superficie terrestre a fin de que ningún grupo controle la producción de alimento y la use para influenciar. La producción agrícola dispersa equitativamente abastecerá con alimento a todas las comunidades locales, a fin de que un área no sea dependiente de otra para sobrevivir. La meta de autosuficiencia de alimento, tan deseada por todos, será lograda.

Ya no habrá más estómagos hambrientos, ya que el hambre no era más que un medio de control, un medio para mantener oprimidas las partes del mundo, a fin de que la riqueza pudiera ser concentrada en ciertas áreas para una máxima explotación. Cuando avance la reconstrucción, los cambios en la confección geológica de la tierra abrirán buenas y viables tierras para cultivo en Sudamérica, Canadá y en las actuales áreas desiertas. Grandes extensiones de fértil tierra virgen, las cuales por designio han estado mantenidas en confianza durante estos años de agitación, estarán disponibles para agricultura alimenticia e industrial.

¿Pueden imaginar la agricultura sin necesidad de pesticidas y fertilizantes? Esto es lo que yace bajo las capas de hielo, en los desiertos y en las junglas de hoy en día. Estas regiones jugarán un papel sobresaliente durante el Período de Reconstrucción.

El Sistema Bancario

El sistema bancario durante el Período de Reconstrucción sufrirá un rápido descenso cuando se colapsen estas torres de desigualdad, sin embargo su infraestructura de distribución, tal como el movimiento electrónico de dinero, será preservada por algún tiempo. Los adeptos espirituales entrenados en actividades bancarias administrarán el sistema bancario durante este período de transición.

Al final del Armagedón y durante el principio del Período de Reconstrucción, la gente habrá establecido un sistema de trueque en ausencia de cualquier moneda con valor. La energía del dinero, guardada en varios lugares de la tierra, principalmente en forma de oro, será distribuida en la infraestructura bancaria. Por un corto período de transición, algunos vestigios de dinero de papel podrán ser intercambiados por unidades de oro. Todo tendrá igual valor para adquirir lo que necesiten fuera del trueque normal para cubrir necesidades diarias.

Un nuevo sistema de divisa será uno de los primeros órdenes de de negocios en el Período de Reconstrucción. La deflación económica en general que habría tenido lugar durante el período del Armagedón deberá regresar el valor de los bienes y servicios a su común denominador más bajo. Cuando se alcance este punto, el oro como divisa estándar, nuevamente tendrá efecto y arreglará los valores en una base sólida.

El libre intercambio de bienes y servicios mundiales puede lograrse su hay una divisa mundial en común basada en un valor común como el oro.

La Trascendencia de las Artes

Las artes, la música y la ciencia florecerán y serán liberadas las formas distorsionadas. Miren el orden de la naturaleza. Ese es el patrón par a las artes y ciencias futuras. Se levantarán formas y sonidos cuando la tierra evolucione espiritualmente. Una nueva apertura a las energías de otros planetas dará alas a cierta riqueza cósmica en las artes y ciencias, y como resultado, las artes refrescarán y tranquilizarán la psique del hombre, habilitándolo para avanzar de la forma más inteligente en la escalera de la evolución. Las ciencias abrirán nuevas perspectivas y avances que harán la vida física más fácil.

Cambios Geológicos

Los cambios geológicos ya han comenzado. Se nos dice que observemos el nivel de los océanos, el cual se espera que se eleve y afecte a las áreas costeras y bajas.

Estos cambios afectarán a muchos de los grandes centros urbanos, los cuales están localizados junto a puertos y canales. ¿Podría ser coincidencia que la mayoría de estos grandes centros financieros del mundo estén ubicados en estas áreas? No obstante, todos los esfuerzos por conservar el status quo de las condiciones atmosféricas de la tierra no servirán de nada porque, con la actual aceleración de la evolución terrestre, más energía que nunca está siendo vertida en el plano terrestre. Entonces la misma energía que está causando la actual locura también afectará profundamente a la atmósfera y a la geografía de la tierra.

Las dos capas de hielo en los polos norte y sur se derretirán a un paso más acelerado causando que la actual forma oval de la tierra cambie a una esférica. Esto causará un cambio natural en el eje que tendrá ramificaciones en la presente geografía del mundo. Muchas áreas bajas se inundarán y los viejos mares que existieron, por ejemplo, en el Sahara, en el Gobi y en los desiertos del Valle de la Muerte se volverán a llenar. Esto tendrá un profundo efecto en el clima circundante y abrirá muchas tierras fértiles para futuros cultivos. La proporción entre la tierra y el agua ya no será la que conocemos hoy en día. Estos cambios brotarán de forma violenta gradualmente sobre el curso de las décadas por venir y deberán completarse para cuando entremos a la Era Acuariana.

Nota Final

Todas las cosas verdaderamente son por el bien. Disipar el mito del Armagedón como algo para ser temido y evitado es entender el gran Bien que el Creador siempre otorga sobre Su creación. ¿Cómo podría ser posible que abriéramos una Era Dorada sin purgar primero a la tierra de todo lo que es oscuro e ignorante? Entonces avancemos con valentía y determinación, sobrellevando la agitación de los años por venir y teniendo conocimiento de que el Armagedón finalmente hará nuestro mundo más equilibrado y perfecto.

A este libro le seguirá una segunda parte para proporcionar una guía adicional durante la última parte del Armagedón. También preparará al pensamiento para el Período de Reconstrucción por venir, el cual es de crucial importancia, puesto que las elecciones que la humanidad haga entonces determinarán su curso dentro de la Era de Acuario.

www.ingramcontent.com/pod-product-compliance
Lightning Source LLC
Chambersburg PA
CBHW070755100426
42742CB00012B/2144